바로보인

전傳등燈록錄

21

농선 대원 역저

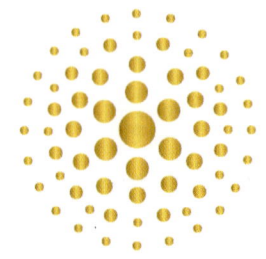

이 원상은 농선 대원 선사님께서 직접 그리신 것으로 모든 불성
이 서로 상즉해 공존하는 원리를 담은 것이다.

선 심(禪心)

누리 삼킨 참나를
낙화(落花)로 자각(自覺)
떨어지는 물소리로 웃고 가는 길
돌에서 꽃에서도 님이 맞는다

 정맥 선원의 문젠 마크는 농선 대원 선사님께서 마음을 상징하는 달(moon)과 그 마음을 깨달아 마음이 내가 된 삶인 선(zen)을 평화의 상징인 비둘기로 형상화 하신 것이다.

교조 석가모니 부처님과
부처님으로부터 직계로 내려온
불조정맥 78대 조사들의
진영과 전법게

 불조정맥

　　불조정맥이란 석가모니 부처님으로부터 현 78대 조사에 이르기까지 스승에게 깨달음의 인증인 인가를 받아 법을 전하라는 부촉을 받은 전법선사의 맥이다. 여기에 실린 불조진영과 전법게는 농선 대원 선사님께서 다년간 수집 정리하여 기도와 관조 끝에 완성하여 수립하신 것이다. 각 선사의 진영과 함께 실린 전법게는 스승으로부터 직접 전해 받은 게송이다. 단, 석가모니 부처님 진영에 실린 게송은 석가모니 부처님의 게송이다.

교조 석가모니 부처님

환화라고 하는 것 근본 없어 생긴 적도 없어서   幻化無因亦無生
모두가 스스로 이러-해서 본다 함도 이러-하네   皆則自然見如是
모든 법도 스스로 화한 남, 아닌 것이 없어서   諸法無非自化生
환화라 하지만 남이 없어 두려워할 것도 없네   幻化無生無所畏

제1조　마하가섭 존자

법이라는 본래 법엔 법이랄 것 없으나	法本法無法
법이랄 것 없다는 법, 그 또한 법이라	無法法亦法
이제 법이랄 것 없음을 전해줌에	今付無法時
법이라는 법인들 그 어찌 법이랴	法法何曾法

제2조　아난다 존자

법이란 법 본래의 법이라	法法本來法
법도 없고 법 아님도 없으니	無法無非法
어떻게 온통인 법 가운데	何於一法中
법 있으며 법 아닌 것 있으랴	有法有非法

제3조　상나화수 존자

본래의 법 전함이 있다 하나	本來付有法
전한 말에 법이랄 것 없다 했네	付了言無法
각자가 스스로 깨달으라	各各須自悟
깨달으면 법 없음도 없다네	悟了無無法

제4조　우바국다 존자

법 아니고 마음도 아니어서	非法亦非心
맘이랄 것, 법이랄 것 없나니	無心亦無法
마음이다, 법이다 설할 때는	說是心法時
그 법은 마음법이 아니로다	是法非心法

제5조　제다가 존자

마음이란 스스로인 본래의 마음이니	心自本來心
본래의 마음에는 법 있는 것 아니로다	本心非有法
본래의 마음 있고 법이란 것 있다 하면	有法有本心
마음도 아니요 본래 법도 아니로다	非心非本法

제6조　미차가 존자

본래의 마음법을 통달하면	通達本心法
법도 없고, 법 아님도 없도다	無法無非法
깨달으면 깨닫기 전과 같아	悟了同未悟
마음이니, 법이니 할 것 없네	無心亦無法

제7조　바수밀 존자

맘이랄 것 없으면 얻음도 없어서	無心無可得
설함에 법이라 이름할 것도 없네	說得不名法
만약에 맘이라 하면 마음 아님 깨달으면	若了心非心
비로소 마음인 마음법 안다 하리	始解心心法

제8조　불타난제 존자

가없는 마음으로	心同虛空界
가없는 법 보이니	示等虛空法
가없음을 증득하면	證得虛空時
옳고 그른 법이 없다	無是無非法

제9조　복타밀다 존자

허공이 안팎 없듯	虛空無內外
마음법도 그러하다	心法亦如此
허공이치 요달하면	若了虛空故
진여이치 통달하네	是達眞如理

제10조　파율습박(협) 존자

진리란 본래에 이름할 수 없으나	眞理本無名
이름에 의하여 진리를 나타내니	因名顯眞理
받아 얻은 진실한 법이라고 하는 것	受得眞實法
진실도 아니요, 거짓도 아니로세	非眞亦非僞

제11조 부나야사 존자

참된 몸 스스로 이러-히 참다우니	眞體自然眞
참됨을 설함으로 인해 진리란 것 있다 하나	因眞說有理
참답게 참된 법을 깨달아 얻으면	領得眞眞法
베풀 것도 없으며 그칠 것도 없다네	無行亦無止

제12조 아나보리(마명) 존자

미혹과 깨침이란 숨음과 드러남 같다 하나	迷悟如隱顯
밝음과 어둠이 서로가 여읠 수 없는 걸세	明暗不相離
이제 숨음이 드러난 법 부촉한다지만	今付隱顯法
하나도 아니요, 둘도 또한 아니로세	非一亦非二

제13조 가비마라 존자

숨었느니 드러났느니 하지만 본래의 법에는	隱顯卽本法
밝음과 어두움이 원래에 둘 아니라	明暗元不二
깨달아 마친 법을 전한다고 하지만	今付悟了法
취함도 아니요, 여읨도 아니로세	非取亦非離

제14조 나가르주나(용수) 존자

숨을 수도, 드러날 수도 없는 법이라 함	非隱非顯法
이것이 참다운 실제를 말함이니	說是眞實際
숨음이 드러난 법 깨달았다 하나	悟此隱顯法
어리석음도 아니요 지혜로움도 아니로다	非愚亦非智

제15조 가나제바 존자

숨었느니 드러났느니 하면 법에 밝다 하랴	爲明隱顯法
밝게 해탈의 이치를 설하려면	方說解脫理
저 법에 증득한 바도 없는 마음이어야 하니	於法心不證
성낼 것도 없으며 기쁠 것도 없다네	無嗔亦無喜

제16조　라후라타 존자

본래에 법을 전할 사람 대해	本對傳法人
해탈의 진리를 설하나	爲說解脫理
법엔 실로 증득한 바 없어서	於法實無證
마침도 비롯함도 없느니라	無終亦無始

제17조　승가난제 존자

법에는 진실로 증득한 바 없어서	於法實無證
취함도 없으며 여읨도 없느니라	不取亦不離
법에는 있다거나 없다는 상도 없거늘	法非有無相
안이니 밖이니 어떻게 일으키리	內外云何起

제18조　가야사다 존자

맘 바탕엔 본래에 남 없거늘	心地本無生
바탕의 인, 연을 쫓아 일으키나	因地從緣起
연과 종자 서로가 방해 없어	緣種不相妨
꽃과 열매 그 또한 그러하네	華果亦復爾

제19조　구마라다 존자

마음의 바탕에 지닌 종자 있음에	有種有心地
인과 연이 능히 싹 나게 하지만	因緣能發萌
저 연에 서로가 걸림이 없어서	於緣不相礙
마땅히 난다 해도 남이 남 아니로세	當生生不生

제20조　사야다 존자

성품에는 본래에 남 없건만	性上本無生
구하는 사람 대해 설할 뿐	爲對求人說
법에는 얻은 바 없거늘	於法既無得
어찌 깨닫고, 깨닫지 못함을 둘 것인가	何懷決不決

제21조　바수반두 존자

말 떨어지자마자 무생에 계합하면　　言下合無生
저 법계와 성품이 함께 하리니　　　　同於法界性
만일 능히 이와 같이 깨친다면　　　　若能如是解
궁극의 이변 사변 통달하리　　　　　　通達事理竟

제22조　마노라 존자

물거품과 환 같아 걸릴 것도 없거늘　　泡幻同無礙
어찌하여 깨달아 마치지 못했다 하는가　如何不了悟
그 가운데 있는 법을 통달하면　　　　達法在其中
지금도 아니요, 옛 또한 아니니라　　　非今亦非古

제23조　학륵나 존자

마음이 만 경계를 따라서 구르나　　　心隨萬境轉
구르는 곳마다 실로 능히 그윽함에　　轉處實能幽
성품을 깨달아서 흐름을 따르면　　　　隨流認得性
기쁠 것도 없으며 근심할 것도 없네　　無喜亦無憂

제24조　사자보리 존자

마음의 성품을 깨달음에　　　　　　　認得心性時
사의할 수 없다고 말하나니　　　　　　可說不思議
깨달아 마쳐서는 얻음 없어　　　　　　了了無可得
깨달아선 깨달았다 할 것 없네　　　　得時不說知

제25조　바사사다 존자

깨달음의 지혜를 바르게 설할 때에　　正說知見時
깨달음의 지혜란 이 마음에 갖춘 바라　知見俱是心
지금의 마음이 곧 깨달음의 지혜요　　當心卽知見
깨달음의 지혜가 곧 지금의 함일세　　知見卽于今

제26조　불여밀다 존자

성인이 말하는 지견은	聖人說知見
경계를 맞아서 시비 없네	當境無是非
나 이제 참성품 깨달음에	我今悟眞性
도랄 것도, 이치랄 것도 없네	無道亦無理

제27조　반야다라 존자

맘 바탕에 참성품 갖췄으나	眞性心地藏
머리도, 꼬리도 없으니	無頭亦無尾
인연 응해 만물을 교화함을	應緣而化物
지혜라고 하는 것도 방편일세	方便呼爲智

제28조　보리달마 존자

마음에서 모든 종자 냄이여	心地生諸種
일(事)로 인해 다시 이치 나느니라	因事復生理
두렷이 보리과가 원만하니	果滿菩提圓
세계를 일으키는 꽃 피우리	華開世界起

제29조　신광 혜가 대사

내가 본래 이 땅에 온 것은	吾本來此土
법을 전해 중생을 구함일세	傳法救迷情
한 송이에 다섯 꽃잎 피리니	一花開五葉
열매 맺음 자연히 이뤄지리	結果自然成

제30조　감지 승찬 대사

본래의 바탕에 연 있으면	本來緣有地
바탕의 인에서 종자 나서 꽃핀다 하나	因地種華生
본래엔 종자가 있은 적도 없어서	本來無有種
꽃핀 적도 없으며 난 적도 없다네	華亦不曾生

제31조   대의 도신 대사

꽃과 종자 바탕으로 인하니	華種雖因地
바탕을 쫓아서 종자와 꽃을 내나	從地種華生
만약에 사람이 종자 내림 없으면	若無人下種
남 없어 바탕에 꽃핀 적도 없다 하리	華地盡無生

제32조   대만 홍인 대사

꽃과 종자 성품에서 남이라	華種有生性
바탕으로 인해서 나고 꽃피우니	因地華生生
큰 연과 성품이 일치하면	大緣與性合
그 남은 나도 남 아니로세	當生生不生

제33조   대감 혜능 대사

정 있어 종자를 내림에	有情來下種
바탕 인해 결과 내어 영위하나	因地果還生
정이랄 것도 없고 종자랄 것도 없어서	無情旣無種
만물의 근원인 도의 성품엔 또한 남도 없네	無性亦無生

제34조   남악 회양 전법선사

마음의 바탕에 모든 종자 머금어져	心地含諸種
널리 비 내림에 모두 다 싹트도다	普雨悉皆生
단박에 깨달아 정을 다한 꽃피움에	頓悟華情已
보리의 과위가 스스로 이뤄졌네	菩提果自成

제35조   마조 도일 전법선사

마음의 바탕에 모든 종자 머금어져	心地含諸種
비와 이슬 만남에 모두 다 싹이 트나	遇澤悉皆萌
삼매의 꽃핌이라 형상이 없거늘	三昧華無相
무엇이 무너지고 무엇이 이뤄지랴	何壞復何成

제36조   백장 회해 전법선사

마음 외에 본래에 다른 법이 없거늘 　　心外本無法
부촉함이 있다 하면 마음법이 아닐세 　　有付非心法
원래에 마음법 없음을 깨달은 　　　　　旣知非法心
이러-한 마음법을 그대에게 부촉하네 　　如是付心法

제37조   황벽 희운 전법선사

본래에 말로는 부촉할 수 없는 것을 　　本無言語囑
억지로 마음의 법이라 전함이니 　　　　强以心法傳
그대가 원래에 받아 지닌 그 법을 　　　汝旣受持法
마음의 법이라고 다시 어찌 말하랴 　　　心法更何言

제38조   임제 의현 전법선사

마음의 법 있으면 병이 있고 　　　　　　病時心法在
마음의 법 없으면 병도 없네 　　　　　　不病心法無
내 부촉한 마음의 법에는 　　　　　　　　吾所付心法
마음의 법 있는 것 아니로세 　　　　　　不在心法途

제39조   흥화 존장 전법선사

지극한 도는 간택함이 없으니 　　　　　至道無揀擇
본래의 마음이라 향하고 등짐이 없느니라 本心無向背
이 같음을 감당해 이으려는가? 　　　　便如此承當
봄바람에 곤한 잠을 더하누나 　　　　　春風增瞌睡

제40조   남원 혜옹 전법선사

대도는 온통 맘에 있다지만 　　　　　　大道夲在心
맘에 구함 있으면 그르치네 　　　　　　亦非在心求
그대에게 부촉한 자심의 도에는 　　　　付汝自心道
기쁨도 근심도 없느니라 　　　　　　　　無喜亦無憂

제41조 풍혈 연소 전법선사

나 이제 법 없음을 말하노니	我今無法說
말한 바가 모두 다 법 아니라	所說皆非法
법 없는 법 지금에 부촉하니	今付無法法
이 법에도 머무르지 말아라	不可住于法

제42조 수산 성념 전법선사

말한 적도 없어야 참법이니	無說是眞法
이 말함은 원래에 말함 없네	其說元無說
나 이제 말한 적도 없을 때	我今無說時
말함이라 말한들 말함이랴	說說何曾說

제43조 분양 선소 전법선사

예로부터 말함 없음 부촉했고	自古付無說
지금의 나 또한 말함 없네	我今亦無說
다만 이 말함 없는 마음을	只此無說心
모든 부처 다 같이 말한 바네	諸佛所共說

제44조 자명 초원 전법선사

허공이 형상이 없다 하나	虛空無形像
형상도, 허공도 아닐세	形像非虛空
내 부촉한 마음의 법이란	我所付心法
공도 공한 공이어서 공 아닐세	空空空不空

제45조 양기 방회 전법선사

허공이 면목이 없듯이	虛空無面目
마음의 상 또한 이와 같네	心相亦如然
곧 이렇게 비고 빈 마음을	卽此虛空心
높은 중에 높다고 하는 걸세	可稱天中天

제46조 백운 수단 전법선사

마음의 본체가 허공같아	心體如虛空
법 또한 허공처럼 두루하네	法亦遍虛空
허공 같은 이치를 증득하면	證得虛空理
법도 아니요, 공한 맘도 아니로세	非法非心空

제47조 오조 법연 전법선사

도에는 나라는 나 원래 없고	道我元無我
도에는 맘이란 맘 원래 없네	道心元無心
오직 이 나라 함도 없는 법으로	唯此無我法
나라 함 없는 맘에 일체하네	相契無我心

제48조 원오 극근 전법선사

참나에는 본래에 맘이랄 것 없으며	眞我本無心
참마음엔 역시나 나랄 것 없으나	眞心亦無我
이러-히 참답게 참마음에 일체되면	契此眞眞心
나를 나라 한들 어찌 거듭된 나겠는가	我我何曾我

제49조 호구 소륭 전법선사

도 얻으면 자재한 마음이고	得道心自在
도 얻지 못하면 근심이라 하나	不得道憂惱
본래의 마음의 도 부촉함에	付汝自心道
기쁨도, 근심도 없느니라	無喜亦無惱

제50조 응암 담화 전법선사

맑던 하늘 구름 덮인 하늘 되고	天晴雲在天
비 오더니 젖어있는 땅일세	雨落濕在地
비밀히 마음을 부촉함이여	秘密付與心
마음법이란 다만 이것일세	心法只這是

제51조 밀암 함걸 전법선사

부처님은 눈으로써 별을 보고	佛用眼觀星
난 귀로써 소리를 들었도다	我用耳聽聲
나의 함이 부처님의 함과 같아	我用與佛用
내 밝음이 그대의 밝음일세	我明汝亦明

제52조 파암 조선 전법선사

부처와 더불어 중생의 보는 것이	佛與衆生見
원래 근본 부처인데 금 그은들 바뀌랴	元本佛隔線
그대에게 부촉한 본연의 마음법에는	付汝自心法
깨닫고 깨닫지 못함도 없느니라	非見非不見

제53조 무준 사범 전법선사

내가 만약 봄이 없다 할 때에	我若不見時
그대 응당 봄이 없이 보아라	汝應不見見
봄에 봄 없어야 본연의 봄이니	見見非自見
본연의 마음이 언제나 드러났네	自心常顯現

제54조 설암 혜랑 전법선사

진리는 곧기가 거문고줄 같다는데	眞理直如絃
어떻게 침묵이나 말로 다시 할 것인가	何默更何言
나 이제 그대에게 공교롭게 부촉하니	我今善付囑
밝힌 마음 본래에 얻음이 없는 걸세	表心本無得

제55조 급암 종신 전법선사

사람에겐 미혹하고 깨달음이 본래 없는데	本無迷悟人
미했느니 깨쳤느니 제 스스로 분별하네	迷悟自家計
젊어서 깨달았다 말이나 한다면	記得少壯時
늙어서까지라도 깨닫지 못할 걸세	而今不覺老

제56조　석옥 청공 전법선사

이 마음이 지극히 광대하여	此心極廣大
허공에 비할 수도 없다네	虛空比不得
이 도는 다만 오직 이러-하니	此道只如是
밖으로 찾음 쉬어 받아 지녔네	受持休外覓

제57조　태고 보우 전법선사

지극히 큰 이것인 이 마음과	至大是此心
지극히 성스러운 이것인 이 법이라	至聖是此法
등불과 등불의 광명처럼 나뉨 없음	燈燈光不差
이 마음 스스로가 통달해 마침일세	了此心自達

제58조　환암 혼수 전법선사

마음 중의 본연의 마음과	心中有自心
법 중의 지극한 법을	法中有至法
내가 지금 부촉한다 하나	我今可付囑
마음법엔 마음법이라 함도 없네	心法無心法

제59조　구곡 각운 전법선사

온통인 도, 마음의 광명이라 할 것도 없으나	一道不心光
과거, 현재, 미래와 시방을 밝힘일세	三際十方明
어떻게 지극히 분명한 이 가운데	何於明白中
밝음과 밝지 않음 있다고 하리오	有明有不明

제60조　벽계 정심 전법선사

나 지금 법 없음을 부촉하고	我無法可付
그대는 무심으로 받는다 하나	汝無心可受
전함 없고 받음 없는 맘이라면	無付無受心
누구라도 성취하지 못했다 하랴	何人不成就

제61조　벽송 지엄 전법선사

마음이 곧 깨달음의 마음이요　　　心卽能知心
법이 곧 깨달음의 법이라　　　　　法卽可知法
마음법을 마음법이라 전한다면　　 法心付法心
마음도, 법도 아닐세　　　　　　　非心亦非法

제62조　부용 영관 전법선사

조사와 조사가 법 없음을 부촉한다 하나　祖祖無法付
사람과 사람마다 본래 스스로 지님일세　 人人本自有
그대는 부촉함도 없는 법을 받아서　　　 汝受無付法
긴요히 뒷날에 전하도록 하여라　　　　 急着傳於後

제63조　청허 휴정 전법선사

참성품은 본래에 성품이라 할 것 없고　　眞性本無性
참법은 본래에 법이라 할 것 없네　　　　眞法本無法
법이니 성품이니 할 것 없음 깨달으면　　了知無法性
어떠한 곳엔들 통달하지 못하랴　　　　　何處不通達

제64조　편양 언기 전법선사

법도 아니고 법 아님도 아니고　　　　　非法非非法
성품도 아니고 성품 아님도 아니며　　　非性非非性
마음도 아니고 마음 아님도 아님이　　　非心非非心
그대에게 부촉하는 궁극의 마음법일세　 付汝心法竟

제65조　풍담 의심 전법선사

부처님이 전하신 꽃 드신 종지와　　　師傳拈花宗
내가 미소지어 보인 도리를　　　　　示我微笑法
친히 손수 그대에게 분부하니　　　　親手分付汝
받들어 지녀 누리에 두루하게 하라　 持奉遍塵刹

제66조   월담 설제 전법선사

깨달아선 깨달은 바 없으며	得本無所得
전해서는 전함 또한 없느니라	傳亦無可傳
전함도 없는 법을 부촉함이여	今付無傳法
동서가 온통한 하늘일세	東西共一天

제67조   환성 지안 전법선사

전하거나 받을 법이 없어서	無傳無受法
전하거나 받는다는 맘도 없네	無傳無受心
부촉하나 받은 바 없는 이여	付與無受者
허공의 힘줄마저 뽑아서 끊었도다	挈斷虛空筋

제68조   호암 체정 전법선사

연류에 따른 일단사여	沿流一段事
머리도 꼬리도 필경 없네	竟無頭與尾
사자새끼인 그대에게 부촉하니	付與獅子兒
사자후 천지에 가득케 하라	哨吼滿天地

제69조   청봉 거안 전법선사

서 가리켜 동에 그림이여	指西喚作東
풍악산의 뭇 봉우리로다	楓嶽山衆峰
불조의 이러한 법을	佛祖之此法
너에게 분부하노라	分付今日汝

제70조   율봉 청고 전법선사

머리도 꼬리도 없는 도리	無頭尾道理
오늘 그대에게 전해주니	今日傳授汝
이후로 보림을 잘 하여서	此後善保任
영원히 끊어짐이 없게 하라	永遠無斷絶

제71조　금허 법첨 전법선사

그믐날 근원에 돌아간다 말했으나
법신에 그 어찌 가고 옴이 있으랴
푸른 하늘 해 있고, 못 가운데 연꽃일세
이 법을 분부하니 끊어짐이 없게 하라

晦日豫言爲還元
法身何有去與來
日在靑天池中蓮
此法分付無斷絶

제72조　용암 혜언 전법선사

'연꽃이 나왔다' 하여 보인 큰 도리를
다시 또 뜰 밑 나무 가리켜 보여서
후일의 크고 큰일 그대에게 부촉하니
잘 지녀 보림하여 끊어짐 없게 하라

示出蓮之大道理
復亦指示庭下樹
後日大事與咐囑
保任善持無斷絶

제73조　영월 봉율 전법선사

사느니 죽느니 이 무슨 말들인고
물밭엔 연꽃이고 하늘엔 해일세
가없이 이러-해서 감출 수 없이 드러남
오늘 네게 분부하니 끊어짐 없게 하라

生也死也是何言
水田蓮花在天日
無邊無藏露如是
今日分付無斷絶

제74조　만화 보선 전법선사

봄산과 뜬구름을 동시에 보아라
중생들의 이익될 바 그 가운데 있느니라
이 가운데 도리를 이제 네게 부촉하니
계승해 끊임없이 번성케 할지어다

春山浮雲觀同時
普益衆生在其中
此中道理今付汝
繼承無斷爲繁盛

제75조　경허 성우 전법선사

하늘의 뜬구름이 누설한 그 도리를
오늘날 선자에게 부촉하여 주노니
철저하게 보림하여 모범을 보임으로
후세에 끊어짐이 없게 할 맘, 지니게나

浮雲漏泄其道理
今日咐囑與禪子
保任徹底示模範
後世無斷爲持心

제76조 만공 월면 전법선사

구름과 달, 산과 계곡이라, 곳곳에서 같음이여	雲月溪山處處同
선가의 나의 제자 수산의 큰 가풍일세	叟山禪子大家風
은근히 무문인을 그대에게 분부하니	慇懃分付無文印
이 기틀의 방편이 활안 중에 있노라	一段機權活眼中

제77조 전강 영신 전법선사

불조도 전한 바 없어서	佛祖未曾傳
나 또한 얻은 바 없음을…	我亦無所得
가을빛 저물어 가는 날에	此日秋色暮
뒷산의 원숭이가 울고 있네	猿嘯在後峰

제78대 농선 대원 전법선사

부처와 조사도 일찍이 전한 것이 아니거늘	佛祖未曾傳
나 또한 어찌 받았다 하며 준다 할 것인가	我亦何受授
이 법이 2천년대에 이르러서	此法二千年
널리 천하 사람을 제도하리라	廣度天下人

부처님으로부터 직계로 내려온 불조정맥 제78대 농선 대원 선사님

농선 대원 전법선사의 3대 서원

오로지 정법만을 깨닫기 서원합니다.
입을 열면 정법만을 설하기 서원합니다.
중생이 다하는 그날까지 교화하기 서원합니다.

성불사 국제정맥선원 대웅전

성불사 국제정맥선원은

농선 대원 선사님께서 주석하시는 곳으로

대원 선사님의 지도하에 비구스님들이

직접 지은 도량이다.

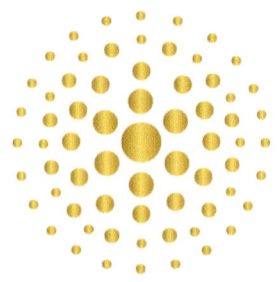

불교 8대 선언문

불교는 자신에게서 영생을 발견하게 한 유일한 종교이다.
불교는 자신에게서 모든 지혜를 발견하게 한 유일한 종교이다.
불교는 자신에게서 모든 능력을 발견하게 한 유일한 종교이다.
불교는 자신에게서 모든 것을 이루게 한 유일한 종교이다.
불교는 자신에게서 극락을 발견하게 한 유일한 종교이다.
불교는 깨달으면 차별 없어 평등하다는 유일한 종교이다.
불교는 모든 억압 없이 자신감을 갖게 한 유일한 종교이다.
불교는 그러므로 온 누리에 영원할 만인의 종교이다.

농선 대원 전법선사 주창

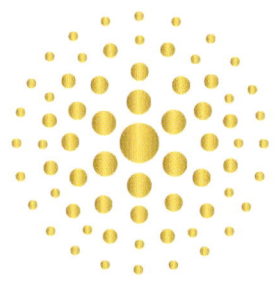

전세계의 불교계에서 통일시켜야 할 일

경전의 말씀대로 32상과 80종호를 갖춘 불상으로 통일해야 한다.

예불 드리는 법을 통일해야 한다.

불공의식을 통일해야 한다.

농선 대원 전법선사 주창

농선 대원 선사의 전등록 발간의 의의

선문(禪文)이란 말 밖의 말로 마음을 바로 가리켜 깨닫게 하여 그 깨달은 마음 바탕에서 닦아 불지(佛地)에 이르게 하는 문(門)이다. 그러기에 지식이나 알음알이로는 헤아려 알 수 없는 것이어서 깨달아 증득하여 일체종지(一切種智)를 이룬 이가 아니고는 그 요지를 바로 보아 이끌어 줄 수 없다.

지금 불교의 현실이 대본산 강원조차 이런 안목으로 이끌어 주는 선지식이 없어서 선종(禪宗) 최고의 공안집인 '전등록', '선문염송' 강의가 모두 폐강된 상황이다.

이에 대원 선사님께서는 불조(佛祖)의 요지가 말이나 글에 떨어져 생사해탈의 길이 단절되는 것을 염려하여 깨달음의 법을 선리(禪理)에 맞게 바로 잡는 역경 작업에 혼신을 다하고 계신다.

대원 선사님께서는 19세에 선운사 도솔암에서 활연대오한 후, 대선지식과의 법거량에서 한 치의 주저함도 없이 명쾌하게 응대하시니 당시 12대 선지식들께서 탄복해 마지않으셨다. 경봉 선사님과 조계종 지혜제일 전강 선사님과의 문답만을 보더라도 취모검과 같은 대원 선사님의 선지를 엿볼 수 있다.

맨 처음 통도사 경봉 선사님을 찾아뵈었을 때, 마침 늦가을 감나무에서 감을 따고 계신 경봉 선사님을 보자 감나무 주위를 한 번 돌고 서 있으니, 경봉 선사님께서 물으셨다.

"어디서 왔는가?"

"호남에서 왔습니다."

"무엇을 공부했는가?"

"선을 공부했습니다."

"무엇이 선이냐?"

"감이 붉습니다."

"네가 불법을 아는가?"

"알면 불법이 아닙니다."

위의 문답이 있은 후 경봉 선사님께서는 해제 법문을 대원 선사님께 맡기셨으나 대원 선사님께서는 아직 그럴 때가 아니라 여겨져 그 이튿날인 해제일 새벽 직전에 통도사를 떠나와 버리셨다.

또 광주 동광사에서 처음 전강 선사님을 뵈었을 때, 20대 초면의 젊은 승려인 대원 선사님께 전강 선사님께서 대뜸 '달마불식 도리'를 일러보라 하셨다. 대원 선사님께서 아무 말없이 다가가 전강 선사님의 목에 있는 점 위의 털을 뽑아 버리고 종무소로 가니, 전강 선사님께서 "여기 사람 죽이는 놈이 있다."하며 종무소까지 따라오다 방장실로 돌아가셨다.

그 이후 대원 선사님께서 군산 은적사에서 전강 선사님을 시봉하며 모시고 계실 때, 전강 선사님께서 또 물으셨다.

"공적의 영지를 일러라."

"이러-히 스님과 대담합니다."

"영지의 공적을 일러라."

"스님과 대담에 이러-합니다."

"이러-한 경지를 일러라."

"명왕은 어상을 내리지 않고 천하일에 밝습니다."

대원 선사님의 답에 전강 선사님께서는 희색이 만면해서 고개를 끄덕이며 당신 처소로 돌아가셨다.

이에 그치지 않고 전강 선사님께서 대구 동화사 조실로 계실 때, 대원 선사님께 말씀하셨다.

"대중들이 자네를 산으로 불러내어 그 중에 법성(조계종 종정 진제 스님)이 달마불식 도리를 일러보라 했을 때 '드러났다'라고 답했다는데, 만약에 자네가 양무제였다면 '모르오'라고 이르고 있는 달마 대사에게 어떻게 했겠는가?"

"제가 양무제였다면 '성인이라 함도 설 수 없으나 이러-히 짐의 덕화와 함께 어우러짐이 더욱 좋지 않겠습니까?'하며 달마 대사의 손을 잡아 일으켰을 것입니다."

그러자 전강 선사님께서 탄복하며 말씀하셨다.

"어느새 그 경지에 이르렀는가?"

"이르렀다곤들 어찌하며 갖추었다곤들 어찌하며 본래라곤들 어찌하리까? 오직 이러-할 뿐인데 말입니다."
대원 선사님의 대답에 전강 선사님께서 크게 기뻐하셨다.

이와 같이 대원 선사님께서는 20대 초반에 이미 어떤 선지식의 물음에도 전광석화와 같이 답하셨으며 그 법을 씀이 새의 길처럼 흔적 없는 가운데 자유자재하셨다.

깨달음의 방편에 있어서는 육조 대사께서 마주 앉은 자리에서 사람들을 깨닫게 하셨듯이, 제자들을 제접해 직지인심(直指人心)으로 스스로의 마음에 사무쳐 들게 하여 근기에 따라 보림해 갈 수 있도록 이끌어주시니, 꺼져가는 정법의 기치를 바로 일으켜 세움이라 하겠다.
또한 선지식이라면 이변(理邊)에서 뿐만이 아니라 사변(事邊)에서도 먼 안목으로 인류가 무엇을 어떻게 대비하며 살아가야 할지를 예언하고 이끌어 주어야 한다고 하셨다.
그래서 1962년부터 주창하시기를, 전 세계가 21세기를 '사막 경영의 시대'로 삼아 사막화된 지역에 '사막 해수로 사업'을 하여 원하는 지역의 기후를 조절해야 하고, 자원을 소모하는 발전소 대신 파도, 태양열, 풍력 등의 대체 에너지와 무한 원동기를 개발해야 한다고 하셨다. 또, 도로를 발전소화하여 전기를 생산하는 방법 등을 구체적으로 제안하시고, 천재지변을 대비하여 각자의 집에서 농사를 짓는 '울안의 농법'을 연구하시는 등 만인이 더 나은 삶을 살 수 있는 길을 끊임없이 일러 주고 계신다.

  이와 같이 대원 선사님께서는 일체종지를 이룬 지혜로, '참나를 깨달아 마음이 내가 된 삶'을 위한 깨달음의 법으로부터 닥쳐오는 재난을 막고 지구를 가장 살기 좋은 세상으로 만드는 방편까지 늘 그 방향을 제시하고 계신다.

  한편, 불교의 최고 경전인 '화엄경 81권'을 완간하여 불보살님의 불가사의한 화엄세계를 열어 보이셨으며, 선문 최대의 공안집인 '선문염송 30권' 1,463칙에 대하여 석가모니 부처님 이래 최초로 전 공안을 맑은 물 밑바닥 보듯이 회통쳐 출간하셨다.

  이제 대원 선사님께서는 7불과 역대 조사들의 깨달음의 진수가 담긴 '전등록 30권'을 그런 혜안(慧眼)으로 조사마다 선리의 토끼뿔을 더해 닦아 증득할 수 있도록 밝혀 보이셨다. 그리하여 생사윤회길을 헤매는 중생들에게 해탈의 등불이 되고자 하셨으며, 불조(佛祖)의 정법이 후세까지 끊어지지 않게 하여 부처님 은혜에 보답하고자 하셨다.

  부처님 가신 지 오래 되어 정법은 약하고 삿된 법이 만연한 지금, 중생이 다하는 날까지 중생을 구제하기 서원하는 대원 선사님과 같은 명안종사(明眼宗師)가 계심은 불보살님의 자비광명이 이 땅에 두루한 은덕이라 하겠다.

바로보인 불법 ㊸

전傳등燈록錄

21

도서출판 문젠(구, 바로보인)은 정맥선원에서 운영하고 있습니다.

* 인제산(人濟山) 성불사(成佛寺) 국제정맥선원
  경기도 포천시 내촌면 소리개길 86-178 ☎ 031-531-8805
* 인제산(人濟山) 이문절 포천정맥선원
  경기도 포천시 내촌면 소리개길 86-123 ☎ 031-531-2433
* 백양산(白楊山) 자모사(慈母寺) 부산정맥선원
  부산시 동래구 아시아드대로 114번길 10 대륙코리아나 2층 212호 ☎ 051-503-6460
* 자모산(慈母山) 육조사(六祖寺) 청도정맥선원
  경북 청도군 매전면 동산리 산 50 ☎ 010-4543-2460
* 광암산(光巖山) 성도사(成道寺) 광주정맥선원
  광주광역시 광산구 삼도광암길 34 ☎ 062-944-4088
* 대통산(大通山) 대통사(大通寺) 해남정맥선원
  전남 해남군 화산면 송계길 132-98 중정마을 ☎ 061-536-6366

바로보인 불법 ㊸
전 등 록 21

초판 1쇄 펴낸날 단기 4354년, 불기 3048년, 서기 2021년 12월 30일

역   저 농선 대원 선사
펴 낸 곳 도서출판 문젠(Moonzen Press)
          11192, 경기도 포천시 내촌면 소리개길 86-178
          전화 031-534-3373 팩스 031-533-3387
신고번호 2010.11.24. 제2010-000004호

편집윤문출판 법심 최주희, 법운 정숙경
인디자인 전자출판 지일 박한재
한문원문대조 불장 곽병원
표 지 글 씨 춘성 박선옥
인   쇄 북크림

도서출판문젠 www.moonzenpress.com
정 맥 선 원 www.zenparadise.com
사막화방지국제연대(IUPD) www.iupd.org

ⓒ 문재현, 2021. Printed in Seoul, Republic of Korea
값 15,000원
ISBN 978-89-6870-621-9
ISBN 978-89-6870-600-4 04220(전30권)

 서 문

　전등록은 말 없는 말이며 말 밖의 말이라서 학식이나 재치만으로는 번역이 실로 불가능한 일이다. 그러기에 육조단경(六祖壇經)을 보면 법화경을 삼천 번이나 독송한 법달(法達)은 글 한 자 모르시는 육조(六祖)께 경의 뜻을 물었고, 글을 모르시는 육조께서는 법화경의 바른 뜻을 설파해서 법달을 깨닫게 하신 것이다.
　그런데 하루는 본인에게 법을 물으러 다니시던 부산의 목원 하상욱 본연님이 오셔서 시중에 나온 전등록 번역본 두세 가지를 보이시며 범인인 당신에게도 부처님과 조사님들의 본래 뜻에 맞지 않는 대문이 군데군데 눈에 뜨인다며 바른 의역의 필요성을 절감한다고 하셨다. 그 후로 전등록 번역을 바로 해주십사 하는 간청이 지극하여 비록 단문하나 이 일을 시작하게 되었다.
　부처님과 조사님들의 근본 뜻에 어긋남이 없게 하기 위해 노력하였으나 약속한 기간 내에 해내기란 실로 벅찬 일이어서 혹시 미비한 점이 없지 않으니 강호 제현의 좋은 지적이 있기를 바란다.

불법(佛法)이란 본자연(本自然)이라 누가 설(說)하고 누가 듣고 배울 자리요만 그렇지 못한 이가 또한 있어서 부처님과 조사님들의 허물이 생기는 것이다.

어떤 것이 부처인고?
화분의 빨간 장미니라.

이 가운데 남전(南泉) 뜰꽃 도리(道理)며 한산(寒山) 습득(拾得)의 웃음을 누릴진저.

단기(檀紀) 4354년
불기(佛紀) 3048년
서기(西紀) 2021년

무등산인 농선 대원 분향근서
(無等山人 弄禪 大圓 焚香謹書)

양억(楊億)의 경덕전등록 서문

  석가모니께서 일찍이 연등 부처님의 수기를 받아, 현겁(賢劫)의 보처(補處)가 되어 이 땅에 탄강하시고 법을 펴서 교화하시기가 49년이었으니 방편과 진리, 돈오(頓悟)와 점수(漸修)의 문호를 여시고, 헤아릴 수 없이 많은 다양한 교법을 내려 주셨다.
  근기(根機)에 따라 진리를 깨닫게 하신 데서 삼승(三乘)의 차별이 생겼으니, 사물에 접하는 대로 중생을 이롭게 하여 한량없는 중생을 제도하셨다. 그 자비는 넓고 컸으며 그 법식(法式)은 두루 갖추어져 있었다.
  쌍림(雙林)에서 열반에 드실 때 가섭(迦葉)에게만 유촉하신 것이 차츰 차츰 전하여 달마에 이르러서 비로소 문자를 세우지 않고 마음의 근원을 곧바로 보이게 되었으니, 차례를 밟지 않고 당장에 부처의 경지에 오르게 되어 다섯 잎[1]이 비로소 무성하고 천 개의 등불[2]이 더욱 찬란하여서, 보배 있는 곳에 이른 이는 더욱 많고, 법의 바퀴를 굴린 이도 하나가 아니었다.
  부처님께서 부촉하신 종지와 정법안장(正法眼藏)이 유통되는 도리는 교리 밖에서 따로 행해지는 불가사의(不可思議)한 것이다.
  태조(太祖)께서 거룩하신 무력으로 전란을 진압하신 뒤에 사찰을 숭상하여 제도의 문을 활짝 여셨고, 태종(太宗)께서 밝으신 변재로 비밀한 법을 찬술하시어 참된 이치를 높이셨으며, 황상(皇上)[3]께서 높으신 학덕으로 조사의 뜻을 이어 거룩한 가르침에 머릿말을 쓰셔 종풍(宗風)을 잇게 하시니, 구름 같은 문장이 진리의 하늘에 빛나고, 부처의 황금같은 설법

---

1) 다섯 잎 : 중국 선종의 2조 혜가로부터 6조 혜능에 이르는 다섯 조사를 말한다.
2) 천 개의 등불 : 중국에 선법(禪法)이 전해진 이후 등장한 수많은 견성도인들을 말한다.
3) 황상(皇上) : 송의 진종(眞宗)을 말힌다.

이 깨달음의 동산에 펼쳐졌다.

　대장경의 말씀에 비밀히 계합하고, 인도로부터의 법맥이 번창하니, 뭇 선행을 늘리는 이가 더욱 많아졌고, 요의(了義)[4]를 전하는 사람들이 간간이 나타나서 원돈(圓頓)의 교화가 이 지역에 퍼졌다.

　이에 동오(東吳)의 승려인 도원(道原)이 선열(禪悅)의 경지에 마음을 모으고, 불법의 진리를 샅샅이 찾으며, 여러 세대의 조사 법맥을 찾고, 제방의 어록(語錄)을 모아 그 근원과 법맥에 차례를 달고, 말씀들을 차례차례 엮되, 과거 7불로부터 대법안(大法眼)의 문도에 이르기까지 무릇 52세대, 1,701인을 수록하여 30권으로 만들어 경덕전등록이라 하여 대궐로 가지고 와서 유포해 주기를 청하였다.

　황상께서는 불법을 밖으로부터 보호하고자 하시고, 승려들의 부지런함을 가상히 여겨 마음가짐을 신중히 하고 생각을 원대히 하여 좌사간(左司諫) 지제고(知制誥) 양억(楊億)과 병부원외랑(兵部員外郎) 지제고(知制誥) 이유(李維)와 태상승(太常丞) 왕서(王曙) 등을 불러 교정케 하시니, 신(臣) 등은 우매하여 삼학(三學)[5]의 근본 뜻을 모르고 5성(五性)[6]의 방편에 어두우며, 훌륭한 번역 솜씨도 없고, 비야리 성에서 보인 유마 거사의 묵연(黙然) 도리[7]에도 둔하건만 공손히 지엄하신 하명(下命)을 받들어 감히 끝내 사양하지 못하였다.

　그 저술된 내용을 두루 살펴보면 대체로 진공(眞空)[8]으로써 근본을 삼고 있고, 옛 성인께서 도에 들던 인연을 서술할 때나 옛 사람이 진리를 깨달은 이야기를 표현할 때엔 근기와 인연의 계합함이 마치 활쏘기와 칼쓰

---

4) 요의(了義) : 일을 다 마친 도리. 깨달아서 깨달음마저 두지 않는 경지를 말한다.
5) 삼학(三學) : 계(戒), 정(定), 혜(慧).
6) 5성(五性) : 법상종의 용어. 일체중생의 근기를 다섯 성품으로 나누어서 성불할 근기와 성불하지 못할 근기로 나누었다.
7) 유마 거사의 묵연 도리 : 유마 거사가 비야리성에서 그를 문병하러 온 문수보살과 법담을 할 때 잠자코 말이 없음으로 불이(不二)의 도리를 드러내 보인 일을 말한다.
8) 진공(眞空) : 색(色)이니 공(空)이니를 초월해서 누리는 경지.

기가 알맞는 것 같아 지혜가 갖추어진 데서 광명을 내어, 채찍 그림자만 보고도 달리는 말과 같은 상근기자(上根機者)들에게 널리 도움이 되고 있다.

후학(後學)들을 인도함에는 현묘한 진리를 드날리고 있고, 다른 이야기를 가져올 때에는 출처를 밝히고 있으며, 다듬어지지 않은 부분도 많으나 훌륭한 부분도 찾아볼 수 있었다. 모든 대사들이 대중에게 도리를 보일 때에 한결같은 소리로 펼쳐 보이고 있으니 영특한 이가 귀를 기울여 듣는다면 무수한 성인들이 증명한다 할 것이다. 개괄해서 들추어도 그것이 바탕이어서 한군데만 취해도 그대로가 옳다.

만일 별달리 더 붓을 댄다면 그 돌아갈 뜻을 잃을 것이다. 중국과 인도에서의 말이 이미 다르지 않은데 자칫하면 구슬에다 무늬를 새기려다 보배에 흠집을 낼 우려가 있기에, 이런 종류는 모두 그대로 두었다. 더욱이 일은 실제로 행한 것만을 취해 기록하여 틀림없이 잘 서술했으나 말이란 오래도록 남아 전해지는 까닭에 전혀 문장을 다듬지 않을 수는 없었다.

어떤 사연을 기록할 때엔 그 자취를 자세히 하였고 말이 복잡해지거나 이야기가 저속한 것이 있으면 모두 삭제하되 문맥이 통하게 하였다.

유교(儒敎)의 대신이나 거사(居士)의 문답에 이르러 벼슬자리와 성씨가 드러난 이는 연대와 역사에 비추어 잘못을 밝히고, 사적(史籍)에 따라 틀린 점을 바로잡아 믿을 만한 전기가 되게 하였다.

만일 바늘을 던져 맞추듯 한 치의 어긋남 없이 도리를 밝히는 일이 아니거나, 번갯불이 치듯 빠른 기틀을 내보이는 일이 아니거나, 묘하게 밝은 참 마음을 보이는 일이 아니거나, 고(苦)와 공(空)의 깊은 이치를 조사(祖師)의 뜻 그대로 기술(記述)하는 일이 아니라면, 어떻게 등불을 전한다는 전등(傳燈)이라는 비유에 계합(契合)하는 그 극진한 공덕을 베풀 수 있었겠는가?

만일 감응(感應)한 징조만을 서술하거나 참문하고 행각한 자취만을 기록한다 할 것 같으면 이는 이미 승사(僧史)에 밝혀져 있는 것이니, 어째서 선가(禪家)의 말씀을 굳이 취하겠는가? 세대와 계보의 명칭을 남긴 것만이 아니라 스승과 제자가 이어지는 근거를 널리 기록하였다.

  그러나 옛날 책에 실린 것을 보면 잘 다듬어지지 않은 내용을 수록하고 잘 다듬어진 것은 버린 일이 있는데, 다른 기록에 남아 있으면 해당하는 문장을 찾아 보완하고, 더욱 널리 찾아서 덧붙이기도 하였다. 또한 서문과 논설에 이르러 혹 옛 조사(祖師)의 문장이 아닌 것이 사이사이 섞이어 공연히 군소리가 되었으면 모두 간추려서 다 깎아버렸으니, 이같이 하여 1년 만에 일이 끝났다.

  저희 신(臣)들은 성품과 식견이 우둔하고, 학문이 넓지 못하고, 기틀이 본래 얕고, 문장력은 부족하여 묘한 도리가 사람에게 달렸다고는 하나 마음에서 떠난 지 오래되고 깊은 진리를 나타내는 말이 세속에서 단절되어, 담벽을 마주한 듯 갑갑하게 지낸 적이 많았다. 과분하게도 추천해 주시는 은혜를 받았으나 아무 힘도 발휘하지 못했다. 편찬하는 일이 이미 끝났으므로 이를 임금님께 바친다. 그러나 임금님의 뜻에 맞지 않아, 임금님께서 거룩히 살펴보시는 데에 공연히 누만 끼치는 것이 아닌가 한다. 삼가 바친다.

한림학사조산대부행좌사간지제고동
수국사판사관사주국남양군개국후식읍
1천백호사자금어대신 양억 지음

景德傳燈錄序 昔釋迦文。以受然燈之夙記當賢劫之次補。降神演化四十九年。開權實頓漸之門。垂半滿偏圓之教。隨機悟理。爰有三乘之差。接物利生。乃度無邊之眾。其悲濟廣大矣。其軌式備具矣。而雙林入滅。獨顧於飲光。屈眴相傳。首從於達磨。不立文字直指心源。不踐楷梯徑登佛地。逮五葉而始盛。分千燈而益繁。達寶所者蓋多。轉法輪者非一。蓋大雄付囑之旨。正眼流通之道。教外別行不可思議者也。

聖宋啟運人靈幽贊。太祖以神武戡亂。而崇淨刹。闢度門。太宗以欽明禦辯。而述祕詮。暢真諦。皇上睿文繼志而序聖教繹宗風。煥雲章於義天。振金聲於覺苑。蓮藏之言密契。竺乾之緒克昌。殖眾善者滋多。傳了義者間出。圓頓之化流於區域。有東吳僧道原者。冥心禪悅。索隱空宗。披弈世之祖圖。采諸方之語錄。次序其源派。錯綜其辭句。由七佛以至大法眼之嗣。凡五十二世。一千七百一人。成三十卷。目之曰景德傳燈錄。詣闕奉進冀於流布。

皇上為佛法之外護。嘉釋子之勤業。載懷重慎。思致悠久。乃詔翰林學士左司諫知制誥臣楊億。兵部員外郎知制誥臣李維。太常丞臣王曙等。同加刊削。俾之裁定。臣等昧三學之旨迷五性之方。乏臨川翻譯之能。慚毘邪語默之要。恭承嚴命。不敢牢讓。竊用探索匪遑寧居。考其論譔之意。蓋以真空為本。將以述曩聖入道之因。標昔人契理之說。機緣交激。若拄於箭鋒。智藏發光。旁資於鞭影。

誘道後學。敷暢玄猷。而捃摭之來。徵引所出。糟粕多在。油素可尋。其有大士。示徒。以一音而開演。含靈普聽。乃千聖之證明。屬概舉之是資。取少分而斯可。若乃別加潤色失其指歸。既非華竺之殊言。頗近錯雕之傷寶。如此之類悉仍其舊。況又事資紀實。必由於善敘。言以行遠。非可以無文。其有標錄事緣。縷詳軌跡。或辭條之紛糾。或言筌之猥俗。並從刊削。俾之綸貫。

至有儒臣居士之問答。爵位姓氏之著明。校歲歷以愆殊。約史籍而差謬。鹹用刪去。以資傳信。自非啟投針之玄趣。馳激電之迅機。開示妙明之真心。祖述苦空之深理。即何以契傳燈之喻。施刮膜之功。若乃但述感應之徵符。專敘參遊之轍跡。此已標於僧史。亦奚取於禪詮。聊存世系之名。庶紀師承之自然而舊錄所載。或掇粗而遺精。別集具存。當尋文而補闕。率加采擷。爰從附益。逮於序論之作。或非古德之文。問廁編聯徒增楦釀（楦釀二字出唐張燕公文集。謂冗長也）亦用簡別多所屏去。汔茲周歲方遂終篇。臣等性識媿於冥煩。學問慚於涉獵。天機素淺。文力無餘。妙道在人。雖刻心而斯久。玄言絕俗。固牆面以居多。濫膺推擇之私。靡著發揮之效。已克終於紬繹。將仰奉於清閒。莫副宸襟空塵睿覽。謹上。

　　　　　　　　翰林學士朝散大夫行左司諫知制誥同
　　　　　　　　修國史判史館事柱國南陽郡開國侯食邑
　　　　　　　　一千百戶賜紫金魚袋臣楊億 撰

승려 희위(希渭)의 경덕전등록 재발간사

호주로(湖州路) 도량산(道場山) 호성만세선사(護聖萬歲禪寺)의 늙은 중 희위(希渭)는 본관이 경원로(慶元路) 창국주(昌國州)이며 성은 동(董)씨다.

어릴 때부터 고향의 성에 있는 관음선사(觀音禪寺)에 가서 절조(絶照) 화상을 스승으로 삼았고, 법명(法名)을 받게 되어 자계현(慈溪懸) 개수(開壽)의 보광선사(普光禪寺)에 가서 용원(龍源) 화상에 의해 머리를 깎고 중이 되었다.

그대로 오대율사(五臺律寺)로 가서 설애(雪涯) 화상에게 구족계를 받은 뒤에 짐을 꾸려 서쪽으로 향해 행각을 떠나 수행을 하다가 나중에 다시 은사이신 용원 화상을 만나 이 산으로 옮겨 왔다.

스승을 따라 배움에 참여하고 이로움을 구한 지 벌써 여러 해가 되었다. 항상 스승의 은혜를 생각하면서도 갚을 기회가 없었다. 그런데 삼가 윗대로부터의 부처와 조사들을 수록한 경덕전등록 30권을 보니 7불로부터 법안(法眼)의 법사(法嗣)에 이르기까지 전부 52세대(世代)인데, 경덕(景德)에서 연우(延祐) 병진년에 이르기까지 317년이나 지나서 옛 판본이 다 썩어버려 남아있지 않기 때문에 후학들이 보고 싶어도 볼 수가 없었다. 이에 발심하여 다시 간행한다.

홀연히 내 고향에 있는 천성선사(天聖禪寺)의 송려(松廬) 화상이 소장하고 있던, 여산(廬山)의 은암(隱庵)에서 찍은 옛 책이 가장 보존이 잘 된 상태로 입수되었는데, 아주 내 마음에 들었다. 마침내 병진(丙辰)년 정월 10일에 의발 등속을 모두 팔아 1만 2천여 냥을 얻었다. 그날 당장에 공인(工人)에게 간행할 것을 명하여 조사의 도리가 세상에 유포되게 하였다. 이 책은 모두 36만 7천 9백 17자이다. 그해 음력 12월 1일에야 공인의 작업이 끝났다.

당장에 300부를 인쇄하여 전당강(錢塘江) 남북지역과 안중(安衆)지역[9]의 여러 명산(名山)의 방장(方丈)[10]과 몽당(蒙堂)[11]과 여러 요사(寮舍)[12]에 한 부씩을 비치케 하여 온 세상의 도를 분변(分辨)하는 참선납자(參禪衲子)들이 참구하기에 편하도록 하였다. 이를 잘 이용하여 사은(四恩)[13]을 갚고 아울러 삼유(三有)의 중생[14]에게도 도움이 되기 바란다.

                대원(大元) 연우(延祐) 3년[15] 음력 12월 1일
                    늙은 중 희위(希渭)가 삼가 쓰고
                  젊은 비구 문아(文雅)가 간행을 감독하고
                    주지 비구 사순(士洵)이 간행하다.

---

9) 두 지역은 희위 스님의 고향인 호주(湖州)와 비교적 인접한 지역들이다.
10) 방장(方丈) : 절의 주지가 거처하는 방. 지금은 견성한 이가 아니더라도 주지를 맡고 있으나 그 당시에는 견성한 도인이라야 그 절의 주지를 맡았다. 따라서 방장에는 대체로 법이 높은 스님이 기거하는 경우가 대부분이었다.
11) 몽당(蒙堂) : 승사(僧寺)의 일에서 물러난 사람이 거처하는 방.
12) 요사(寮舍) : 절에서 대중이 숙식하는 방.
13) 사은(四恩) : 보시(布施), 자애(慈愛), 화도(化導), 공환(共歡)의 네가지 시은(施恩), 또는 부모(父母), 중생(衆生), 국왕(國王), 삼보(三寶)의 네가지 지은(知恩).
14) 삼유(三有)의 중생 : 욕계(慾界), 색계(色界), 무색계(無色界)의 삼계(三界)를 유전하는 미혹한 중생.
15) 서기 1316년.

차 례

서 문 35
양억(楊億)의 경덕전등록 서문 37
승려 희위(希渭)의 경덕전등록 재발간사 42
일러두기 48
21권 법계보 49

청원(靑原) 행사(行思) 선사의 7세 법손(法孫) 53

길주(吉州) 청원산(靑原山) 행사(行思) 선사의 제7세
앞의 복주(福州) 현사(玄沙) 사비(師備) 선사의 법손 55
    장주(漳州) 나한원(羅漢院) 계침(桂琛) 선사 55
    복주(福州) 와룡산(臥龍山) 안국원(安國院) 혜구(慧球) 적조(寂照) 선사(제2세 주지) 76

항주(杭州) 천룡사(天龍寺) 중기(重機) 명진(明眞) 대사 85
복주(福州) 선종원(僊宗院) 계부(契符) 청법(清法) 대사 89
무주(婺州) 금화산(金華山) 국태원(國泰院) 도(瑫) 선사 93
형악(衡嶽) 남대(南臺) 성(誠) 선사 96
복주(福州) 승산(升山) 백룡원(白龍院) 도희(道希) 선사 99
복주(福州) 나봉(螺峯) 충오(沖奧) 명법(明法) 대사 105
천주(泉州) 수룡산(睡龍山) 화상 108
천태산(天台山) 운봉(雲峯) 광서(光緒) 지덕(至德) 대사 111
복주(福州) 대장산(大章山) 계여(契如) 암주 113
복주(福州) 연화산(蓮華山) 영흥(永興) 녹(祿) 화상 118
천태산(天台山) 국청사(國清寺) 사정(師靜) 상좌 121

앞의 복주(福州) 장경원(長慶院) 혜릉(慧稜) 선사의 법손 126

천주(泉州) 초경원(招慶院) 도광(道匡) 선사 126
항주(杭州) 용화사(龍華寺) 언구(彥球) 실상(實相) 득일(得一) 대사 135
항주(杭州) 임안현(臨安縣) 보안(保安) 연(連) 선사 139
복주(福州) 보자원(報慈院) 광운(光雲) 혜각(慧覺) 대사 142
여산(廬山) 개선사(開先寺) 소종(紹宗) 원지(圓智) 선사 146
무주(婺州) 금린(金鱗) 보은원(報恩院) 보자(寶資) 효오(曉悟) 대사 149
항주(杭州) 경심사(傾心寺) 법도(法瑫) 종일(宗一) 선사 155
복주(福州) 수륙원(水陸院) 홍엄(洪儼) 선사 160
항주(杭州) 영은산(靈隱山) 광엄원(廣嚴院) 험멱(咸澤) 신사 162

복주(福州) 보자원(報慈院) 혜랑(慧朗) 선사 166
복주(福州) 이산(怡山) 장경(長慶) 상혜(常慧) 선사 169
복주(福州) 석불원(石佛院) 정(靜) 선사 172
처주(處州) 취봉(翠峯) 종흔(從欣) 선사 174
복주(福州) 침봉(枕峯) 관음원(觀音院) 청환(淸換) 선사 176
복주(福州) 동선(東禪) 계눌(契訥) 선사 179
복주(福州) 장경원(長慶院) 홍변(弘辯) 묘과(妙果) 대사 182
복주(福州) 동선원(東禪院) 가륭(可隆) 요공(了空) 대사 185
복주(福州) 선종원(僊宗院) 수빈(守玭) 선사 188
무주(撫州) 영안원(永安院) 회열(懷烈) 정오(淨悟) 선사 191
복주(福州) 민산(閩山) 영함(令含) 선사 194
신라(新羅) 구산(龜山) 화상 197
길주(吉州) 용수산(龍須山) 자국원(資國院) 도은(道殷) 선사 199
복주(福州) 상광원(祥光院) 징정(澄靜) 선사 201
양주(襄州) 취령(鷲嶺) 명원(明遠) 선사 203
항주(杭州) 보자원(報慈院) 종괴(從瓌) 선사 206
항주(杭州) 용화사(龍華寺) 계영(契盈) 광변(廣辯) 주지(周智) 대사 209

앞의 항주(杭州) 용책사(龍冊寺) 도부(道怤) 선사의 법손 212

월주(越州) 청화산(淸化山) 사눌(師訥) 선사 212
구주(衢州) 남선(南禪) 우연(遇緣) 선사 215
복주(復州) 자복원(資福院) 지원(智遠) 선사 218

앞의 장주(漳州) 보은원(報恩院) 회악(懷岳) 선사의 법손 223

담주(潭州) 묘제원(妙濟院) 사호(師浩) 전심(傳心) 대사 223

앞의 복주(福州) 고산(鼓山) 신안(神晏) 국사의 법손 228

항주(杭州) 천축산(天竺山) 자의(子儀) 심인(心印) 수월(水月) 대사 228
건주(建州) 백운(白雲) 지작(智作) 진적(眞寂) 선사 236
고산(鼓山) 지엄(智嚴) 요각(了覺) 대사(제2세 주지) 243
복주(福州) 용산(龍山) 지숭(智嵩) 묘공(妙空) 대사 246
천주(泉州) 봉황산(鳳凰山) 강(彊) 선사 249
복주(福州) 용산(龍山) 문의(文義) 선사 252
복주(福州) 고산(鼓山) 지악(智岳) 요종(了宗) 대사 255
양주(襄州) 정혜(定慧) 화상 259
복주(福州) 고산(鼓山) 청악(淸諤) 종효(宗曉) 선사 261
금릉(金陵) 정덕도량(淨德道場) 충후(沖煦) 혜오(慧悟) 선사 263
금릉(金陵) 보은원(報恩院) 청호(淸護) 선사 266

색인표 271

부록1 농선 대원 선사님 인가 내력 281
부록2 농선 대원 선사님 법어 289
부록3 21세기에 인류가 해야 할 일 315
부록4 가슴으로 부르는 불심의 노래 319

일러두기

1. 대만에서 펴낸 『경덕전등록(景德傳燈錄)』(宋釋道原 編, 新文豐出版公司, 民國 75년, 1986년)에 의거해서 번역했으며 누락된 부분 없이 완역하였다.
2. 농선 대원 선사가 각 선사장마다 선리의 토끼뿔을 더하여 닦아 증득하는 데 도움이 되도록 하였다.
3. 뜻이 통하지 않는데도 오자가 아닐 때는 옛 한문 사전에서 그 조사 당시에 그 글자가 어떻게 쓰였는가를 찾아 번역하였다. 예를 들어 '還'자가 돌아올 '환'으로가 아니라 영위할 '영'으로 쓰여 뜻이 통한 경우에는 '영위하다' '누리다'로 의역하였다.
4. 선사들의 생몰연대는 여러 기록된 내용이 일치하지 않거나 미상으로 되어 있는 바가 많아, 각 선사 당시의 나라와 왕의 연대, 불교의 상황 등을 역사학자들이 전문적으로 연구하여 밝혀야 할 부분이 있기에, 이 책에서는 여러 자료와 연구 결과가 일치된 내용만을 주에서 표기하였다.
5. 첨가한 주의 내용은 불교에 대한 지식이 없는 이들도 선문답을 참구해 가는데 도움이 되도록 간략하게 달았으며, 주의 내용에 따라서는 사전적인 뜻보다는 선리(禪理)로서 그 뜻을 밝혀 마음에 비추어 참구할 수 있도록 하였다.

21권 법계보

길주(吉州) 청원산(靑原山) 행사(行思) 선사의 제7세 279인 중 57인

복주(福州) 현사(玄沙) 사비(師備) 선사의 법손 13인
- 장주(漳州) 나한원(羅韓院) 계침(桂琛) 선사
- 복주(福州) 와룡산(臥龍山) 안국원(安國院) 혜구(慧球) 적조(寂照) 선사
- 항주(杭州) 천룡사(天龍寺) 중기(重機) 명진(明眞) 선사
- 복주(福州) 선종원(僊宗院) 계부(契符) 청법(淸法) 선사
- 무주(婺州) 금화산(金華山) 국태원(國泰院) 도(瑫) 선사
- 형악(衡嶽) 남대(南臺) 성(誠) 선사
- 복주(福州) 승산(升山) 백룡원(白龍院) 도희(道希) 선사
- 복주(福州) 나봉(螺峯) 충오(沖奧) 명법(明法) 대사
- 천주(泉州) 수룡산(睡龍山) 화상
- 천태산(天台山) 운봉(雲峯) 광서(光緒) 지덕(至德) 대사
- 복주(福州) 대장산(大章山) 계여(契如) 암주(庵主)
- 복주(福州) 연화산(蓮華山) 영흥(永興) 녹(祿) 화상
- 천태산(天台山) 국청사(國淸寺) 사정(師靜) 상좌

(이상 13인은 본문에 기록되어 있다. 원주)

복주(福州) 장경원(長慶院) 혜릉(慧稜) 선사의 법손 26인
- 천주(泉州) 초경원(招慶院) 도광(道匡) 선사

21권 법계보

- 항주(杭州) 용화사(龍華寺) 언구실상(彦球實相) 득일(得一) 선사
- 항주(杭州) 임안현(臨安縣) 보안(保安) 연(連) 선사
- 복주(福州) 보자원(報慈院) 광운(光雲) 혜각(慧覺) 대사
- 여산(廬山) 개선사(開先寺) 소종(紹宗) 원지(圓智) 선사
- 무주(婺州) 금린(金鱗) 보은원(報恩院) 보자(寶資) 효오(曉悟) 대사
- 항주(杭州) 경심사(傾心寺) 법도(法瑫) 종일(宗一) 선사
- 복주(福州) 수륙원(水陸院) 홍엄(洪儼) 선사
- 항주(杭州) 영은산(靈隱山) 광엄원(廣嚴院) 함택(咸澤) 선사
- 복주(福州) 보자원(報慈院) 혜랑(慧朗) 선사
- 복주(福州) 이산(怡山) 장경(長慶) 상혜(常慧) 선사
- 복주(福州) 석불원(石佛院) 정(靜) 선사
- 처주(處州) 취봉(翠峯) 종흔(從欣) 선사
- 복주(福州) 침봉(枕峯) 관음원(觀音院) 청환(靑換) 선사
- 복주(福州) 동선(東禪) 계눌(契訥) 선사
- 복주(福州) 장경원(長慶院) 홍변(弘辯) 묘과(妙果) 대사
- 복주(福州) 동선원(東禪院) 가륭(可隆) 요공(了空) 대사
- 복주(福州) 선종원(僊宗院) 수빈(守玭) 선사
- 무주(撫州) 영안원(永安院) 회열(懷烈) 정오(淨悟) 대사
- 복주(福州) 민산(閩山) 영함(令含) 선사
- 신라(新羅) 구산(龜山) 화상
- 길주(吉州) 용수산(龍須山) 자국원(資國院) 도은(道殷) 선사

21권 법계보

- 복주(福州) 상광원(祥光院) 징정(澄靜) 선사
- 양주(襄州) 취령(鷲嶺) 명원(明遠) 선사
- 항주(杭州) 보자원(報慈院) 종괴(從瓌) 선사
- 항주(杭州) 용화사(龍華寺) 계영(契盈) 광변(廣辯) 주지(周智) 선사
  (이상 26인은 본문에 기록되어 있다. 원주)

항주(杭州) 용책사(龍册寺) 도부(道怤) 선사의 법손 5인

- 월주(越州) 청화산(清化山) 사눌(師訥) 선사
- 구주(衢州) 남선(南禪) 우연(遇緣) 선사
- 복주(復州) 자복원(資福院) 지원(智遠) 선사
  (이상 3인은 본문에 기록되어 있다. 원주)
- 균주(筠州) 동산(洞山) 구단(龜端) 선사
- 온주(溫州) 경풍(景豊) 선사
  (이상 2인은 본문에 기록되어 있지 않다. 원주)

신주(信州) 아호(鵝湖) 지부(智孚) 선사의 법손 1인

- 법진(法進) 선사
  (이상 1인은 본문에 기록되어 있지 않다. 원주)

장주(漳州) 보은원(報恩院) 회악(懷嶽) 선사의 법손 1인

- 담주(潭州) 묘제원(妙濟院) 사호(師浩) 전심(傳心) 대사

21권 법계보

(이상 1인은 본문에 기록되어 있다. 원주)

복주(福州) 고산(鼓山) 신안(神晏) 선사의 법손 11인

- 항주(杭州) 천축산(天竺山) 자의심인(子儀心印) 수월(水月) 대사
- 건주(建州) 백운(白雲) 지작(智作) 진적(眞寂) 선사
- 복주(福州) 고산(鼓山) 지엄(智嚴) 요각(了覺) 대사(제2세 주지)
- 복주(福州) 용산(龍山) 지숭(智崇) 묘공(妙空) 대사
- 천주(泉州) 봉황산(鳳凰山) 강(彊) 선사
- 복주(福州) 용산(龍山) 문의(文義) 선사
- 복주(福州) 고산(鼓山) 지악(智嶽) 요종(了宗) 대사
- 양주(襄州) 정혜(定慧) 화상
- 복주(福州) 고산(鼓山) 청악(淸諤) 종효(宗曉) 선사
- 금릉(金陵) 정덕도량(淨德道場) 충후(沖煦) 혜오(慧悟) 선사
- 금릉(金陵) 보은원(報恩院) 청호(淸護) 선사

(이상 11인은 본문에 기록되어 있다. 원주)

청원(青原) 행사(行思) 선사의
7세 법손(法孫)

길주(吉州) 청원산(靑原山) 행사(行思) 선사의 제7세
앞의 복주(福州) 현사(玄沙) 사비(師備) 선사의 법손

장주(漳州) 나한원(羅漢院) 계침(桂琛) 선사

계침 선사는 상산(常山) 사람으로 성은 이(李)씨이다. 어릴 때 하루에 한 끼니씩만 먹으며 소식(素食)[1]을 하였으며, 하는 말이 남달리 뛰어났다. 관례(冠禮)를 마친 뒤에 부모를 하직하고 본 고장의 만세사(萬歲寺)에 가서 무상(無相) 대사에 의하여 머리를 깎고 계를 받았으며 율장(律藏)을 배웠다.

吉州青原山行思禪師第七世。前福州玄沙師備禪師法嗣。漳州羅漢院桂琛禪師。常山人也。姓李氏。為童兒時日一素食。出言有異。既冠辭親事本府萬歲寺無相大師。披削登戒學毘尼。

---

1) 소식(素食) : 고기나 생선이 없는 음식.

어느 날 대중을 위해 법상에 올라 계본(戒本)[2]에 의해 포살(布薩)[3]을 마친 뒤에 말하였다.

"계를 지키는 일은 몸을 단속하는 것뿐이어서 참 해탈이 아니다. 글에 의하여 견해를 내는 것으로 어찌 성인이 되랴."

그리고는 남종(南宗)을 찾아 나섰다. 처음에 운거(雲居)와 설봉(雪峯)을 뵙고 부지런히 참문했으나 여전히 보이는 바가 없더니, 나중에 현사(玄沙) 종일(宗一) 대사에게 가서는 한마디에 깨달아 의혹이 없이 확 트였다.

현사가 일찍이 물었다.

"삼계가 마음뿐이란 말을 그대는 어떻게 이해하는가?"

대사가 의자를 가리키면서 말하였다.

"화상께서는 저것을 무엇이라 하십니까?"

"의자라 한다."

"화상께서는 삼계가 마음뿐인 소식을 모르시는군요."

一日爲眾升臺宣戒本布薩已。乃曰。持犯但律身而已。非眞解脫也。依文作解豈發聖乎。於是訪南宗。初謁雲居雪峯參訊勤恪。然猶未有所見。後造玄沙宗一大師。一言啟發廓爾無惑。玄沙嘗問曰。三界唯心汝作麼生會。師指倚子曰。和尚喚這箇作什麼。玄沙曰。倚子。曰和尚不會三界唯心。

---

2) 계본(戒本) : 비구, 비구니가 지켜야 할 계율의 조목.

3) 포살(布薩) : 매월 15일과 30일에 한곳에 모여 계율의 조목을 독송하면서 지은 죄를 참회하는 의식.

현사가 말하였다.

"나는 저것을 대나무라 부르는데, 그대는 무엇이라 하는가?"

"저도 대나무라 부릅니다."

현사가 말하였다.

"온 누리에 불법을 아는 사람을 얻을 수 없구나."

대사가 이로부터 더욱 부지런히 힘썼다. 현사는 배우는 이들을 지도하여 이끌 때마다 모든 삼매(三昧)를 내되 다 도움을 펴기 위하여 쓰라고 대사에게 명하였다. 대사는 비록 대중 속에 자취를 감추고 있었으나 명성은 널리 퍼지고 있었다.

이때에 장주 목사인 왕공(王公)이 민성(閩城)의 서쪽에 있는 석산(石山)에다 절을 지어 지장(地藏)이라 부르고, 대사를 청해 살게 하였다. 12년〔一紀〕 후 다시 장주의 나한원으로 옮겨 가서 현묘한 법을 크게 펴니 학자들이 구름같이 모였다.

대사가 법상에 올라 말하였다.

玄沙曰。我喚這箇作竹木。汝喚作什麼。曰桂琛亦喚作竹木。玄沙曰。盡大地覓一箇會佛法底人不可得。師自爾愈加激勵。玄沙每因誘迪學者流。出諸三昧。皆命師為助發。師雖處眾韜晦。然聲譽甚遠。時漳牧王公請於閩城西之石山建精舍曰地藏。請師駐錫焉。僅逾一紀後遷止漳州羅漢院。大闡玄要學徒臻湊。師上堂曰。

"종문(宗門)의 현묘함이 다만 이뿐이겠는가? 다시 특별한 기특함이 있겠는가? 만약 특별히 기특함이 있다면 그대는 무엇이라 하겠는가? 없다면 세 글자를 가지고 종승(宗乘)이라 여기지 말라. 무엇을 세 글자라 하는가? 종(宗), 교(敎), 승(乘)이다. 그대들이 종승이라 말하여 종승을 이름 짓고, 교승이라 말하여 교승이라 이름 지었다.

선덕(禪德)들이여, 불법이나 종승이 본래부터 그대들의 입으로 이름지어 취하고 논하여 나눈 것이거늘, 여기에다가 평등이니 진실이니 원만이니 항상함이니 하는 것을 말하는구나.

선덕들이여, 그대들은 무엇을 평등하고 진실하다 하며, 무엇을 원만하고 항상하다 하는가? 다른 회상으로 행각을 다니면서 이치를 살펴 분별하여 바탕을 묻어 버리지 말라. 빛과 소리와 이름들을 얻어 마음속에 간직해 두고는 내가 알았다거나 잘 간택했다 하지만 그대들은 무엇을 알았으며, 무엇을 간택했다는 것인가?

宗門玄妙為當只恁麼耶。更別有奇特。若別有奇特。汝且舉箇什麼。若無去。不可將三箇字便當却宗乘也。何者三箇字。謂宗教乘也。汝纔道著宗乘便是宗乘。道著教乘便是教乘。禪德佛法宗乘元來由汝口裏安立名字。作取說取便是也。斯須向這裏說平說實說圓說常。禪德。汝喚什麼作平實。把什麼作圓常。傍家行脚理須甄別。莫相埋沒。得些聲色名字貯在心頭。道我會解善能揀辨。汝且會箇什麼。揀箇什麼。

기억해 가진 것은 이름이요, 간택했다는 것은 빛과 소리일 뿐이다. 만일 빛과 소리와 이름이라는 것도 아니라면 그대들은 또 어떻게 간택하고 기억하겠는가?

　바람이 소나무에 불어도 소리요, 개구리나 까마귀가 울어도 소리인데 어찌하여 그 속에서는 듣고 취해 간택하지 못하는가? 만일 이 낱 속에 의도(意度)나 모양이 있다면 지금 나의 입 속에는 무슨 의도가 있어 그대들에게 주고 있겠는가? 착각하지 말라. 지금 소리와 색이 뒤섞인 바탕에서 서로 관여하는가, 관여하지 않는가? 만일 서로 관여한다면 그대의 신령스런 성품과 금강 비밀이 응당 무너질 때가 있으리라. 어째서 그런가? 소리는 그대의 귀를 꿰뚫어 부술 것이고, 빛은 그대의 눈을 꿰뚫어 부술 것이며, 인연은 그대를 막는 환(幻)인 망녕된 것이어서 그대들에게 빛과 소리를 쫓게 하여 죽게 할 것이다. 그러나 깨달으면 용납되지 않는 일이다.

　記持得底是名字。揀辨得底是聲色。若不是聲色名字。汝又作麼生記持揀辨。風吹松樹也是聲。蝦蟇老鴉也是聲。何不那裏聽取揀擇去。若那裏有箇意度模樣。只如老師口裏。又有多少意度與上座。莫錯。即今聲色攙攙地。為當相及不相及。若相及即汝靈性金剛祕密。應有壞滅去也。何以如此。為聲貫破汝耳。色穿破汝眼。緣即塞却汝幻妄。走殺汝聲色體爾不容也。

만일 서로 관여하지 못한다면 또 어디서 빛과 소리를 얻겠는가? 알겠는가? 관여하는 것과 관여하지 못하는 것을 시험삼아 가려 봐라."

조금 있다가 또 말하였다.

"평등과 진실과 원만과 항상함을 누구에게 그렇게 말했겠는가? 황이촌(黃夷村)[4]에 사는 백성에게 그렇게 말한 것은 아니리라. 그것은 옛 성인이 드러내기 위해 말하였을 뿐인데, 요새 사람들이 좋고 나쁨을 알지 못하여 선뜻 원만과 진실이라는 것에 자리를 잡고 앉아서 나에게 특별히 현묘한 종풍이 있다고들 한다. 석가모니 부처님은 말한 바가 없건만, 그대들은 그렇지 못해서 마음속으로 집착하고 있다.

비록 살생, 도둑, 음행의 죄가 중하다고는 하나 오히려 가벼워서 다할 때가 있지만, 이것은 반야를 비방하여 중생의 눈을 멀게 한 죄이어서 아비지옥에 들어가 무쇠탄환을 삼킬 것이니, 예사롭게 생각하지 말라.

若不相及。又什麼處得聲色來。會麼。相及不相及試裁辨看。少間又道。是圓常平實什麼人恁麼道。未是黃夷村裏漢解恁麼說。是他古聖垂些子相助顯發。今時不識好惡。便安圓實。道我別有宗風玄妙。釋迦佛無舌頭。不如汝些子便恁麼點胸。若論殺盜姪罪。雖重猶輕尚有歇時。此箇謗般若瞎却眾生眼。入阿鼻地獄吞鐵丸。莫將為等閑。

---

4) 황이촌(黃夷村) : 부처님이나 노자가 사는 곳을 황이촌이라 일컫는다.

그러므로 옛사람이 허물은 세상을 교화하는 주인에게 있으니, 그대들과는 관계가 없다고 하였느니라. 안녕."

어떤 승려가 물었다.
"어떤 것이 나한의 일구(一句)입니까?"
대사가 말하였다.
"내가 만약 그대에게 이른다면 두 구절이 된다."

"모르는 사람이 왔으니 스님께서 지도해 주시겠습니까?"
"누가 모르는 사람인가?"
"아까 말했습니다."
"스스로 못난 체 하지 말라."

"팔(八)자도 이루지 못하고 이(以)자도 아닐 때에는 어떠합니까?"
"그대는 참으로 모르는구나."

所以古人道。過在化主不干汝事。珍重。僧問。如何是羅漢一句。師曰。我若向你道成兩句也。問不會底人來師還接否。師曰。誰是不會者。曰適來道了也。師曰。莫自屈。問八字不成以字不是時如何。師曰。汝實不會。

"학인은 참으로 모릅니다."
"아래에 있는 주(注)를 보라."

"어떤 것이 사문의 정명식(正命食)[5]입니까?"
"먹었는가?"
"이 음식을 먹으려면 어떤 방편을 써야 합니까?"
"그대의 입을 막아 버려야 한다."

"어떤 것이 나한의 가풍입니까?"
"그대에게 말하지 않는다."
"어째서 말하지 않는다 하십니까?"
"이것이 나의 가풍이다."

"어떤 것이 법왕의 몸입니까?"
"그대는 지금 무슨 몸인가?"

曰學人實不會。師曰。看取下頭注脚。問如何是沙門正命食。師曰。喫得麽。曰欲喫此食作何方便。師曰。塞却你口。問如何是羅漢家風。師曰。不向你道。曰爲什麽不道。師曰。是我家風。問如何是法王身。師曰。汝今是什麽身。

---

5) 정명식(正命食) : 행동, 언어, 사념 등으로 악업을 짓지 않고, 정당한 생활을 하여 오사명(五邪命)을 여의는 것.

"그러면 몸이 없겠습니다."
"고통이 심하겠다."

대사가 법상에 올라 앉자마자 두 승려가 일시에 절을 하였다. 이에 대사가 말하였다.
"모두 틀렸다."

"어떤 것이 두드려도 깨지지 않는 구절입니까?"
"두드린다."

"한 부처님이 세상에 나시면 여러 중생을 두루 위한다는데, 오늘 화상은 누구를 위하십니까?"
"어디서 한 부처님을 만났던고?"
"그러면 학인이 잘못했습니다."
"물러가서 근신하라."

曰恁麼即無身也。師曰。苦痛深。師上堂纔坐。有二僧一時禮拜。師曰。俱錯。問如何是撲不破底句。師曰撲。問一佛出世普爲群生。和尚今日爲箇什麼。師曰。什麼處遇一佛。曰恁麼即學人罪過。師曰。謹退。

"어떤 것이 나한의 가풍입니까?"
"안팎을 보아라."

"어떤 것이 여러 성인의 현묘한 뜻입니까?"
"네 모서리 땅이 무너졌다."

"큰일을 긍정하지 않을 때에는 어떠합니까?"
"그대 사정이니라."

"어떤 것이 시방이 눈인 것입니까?"
"윗눈썹을 꿈쩍거린다."

보복(保福)을 청해서 공양하려고 사람을 보내 이렇게 말을 전하였다.
"화상께서 자비를 드리워 강림해 주십시오."
이에 보복이 말하였다.

問如何是羅漢家風。師曰。表裏看取。問如何是諸聖玄旨。師曰。四楞塌地。問大事未肯時如何。師曰。由汝。問如何是十方眼。師曰眨上眉毛著。因請保福齋令人去傳語曰。請和尚慈悲降重。保福曰。

"누구를 위한 자비인가?"
이 말을 듣고 대사가 말하였다.
"화상께서 그렇게 말씀하시면 전혀 자비롭지 않으십니다."

대사가 달구경을 하다가 말하였다.
"구름이 움직이니 비가 오겠다. 가자."
이에 어떤 승려가 말하였다.
"구름이 움직이는 것이 아니라 바람이 움직입니다."
대사가 말하였다.
"나는 구름도 움직이지 않고 바람도 움직이지 않는다 하노라."
"화상께서는 아까 구름이 움직인다 하셨습니다."
"누가 잘못한 것인고?"

대사가 어떤 승려가 오는 것을 보자, 불자를 들고 말하였다.
"알겠는가?"
"화상께서 자비로써 학인에게 보여 주시니 감사합니다."

慈悲為阿誰。師曰。和尚恁麼道渾是不慈悲。師翫月乃曰。雲動有雨。去。有僧曰。不是雲動是風動。師曰。我道雲亦不動風亦不動。僧曰。和尚適來又道雲動。師曰。阿誰罪過。師見僧來舉拂子曰。還會麼。僧曰。謝和尚慈悲示學人。

대사가 말하였다.

"내가 불자 세우는 것을 보고 얼른 학인에게 보였다고 하는데, 그대가 매일 산이나 물을 볼 때는 보는 것이 없었던가?"

대사가 또 다른 승려가 오는 것을 보고 불자를 번쩍 드니, 그 승려가 찬탄하고 절을 하였다. 이에 대사가 말하였다.

"내가 불자를 세운 것을 보자 찬탄하고 절을 하면서 아까 마당을 쓸다가 비를 세웠을 때는 어째서 찬탄하지 않았는가?"[6]

어떤 승려가 물었다.

"듣건대 경전에 만약 모든 상이라고 하는 것이 상 아님을 보면 곧 여래를 본 것이라 했는데, 어떤 것이 상 아닌 것입니까?"

"등롱이니라."

師曰。見我竪拂子便道示學人。汝每日見山見水可不示汝。師又見僧來舉拂子。其僧讚歎禮拜。師曰。見我竪拂子便禮拜讚歎。那裏掃地竪起掃箒。爲什麼不讚歎(玄覺云。一般竪起拂子拈一種物。有肯底有不肯底道理。且道利害在什麼處)僧問。承教有言。若見諸相非相則見如來。如何是非相。師曰。燈籠子。

---

6) 현각(玄覺)이 말하기를 "불자를 세우건 물건을 들건 한 가지인데, 긍정하기도 하고 긍정하지 않기도 하는 도리를 일러 봐라. 옳고 그름이 어디에 있는가?" 하였다. (원주)

"어떤 것이 출가입니까?"
"무엇을 집이라 하는가?"

대사가 어떤 승려에게 물었다.
"어디서 왔는가?"
"진주(秦州)에서 왔습니다."
"무슨 물건을 가지고 왔는가?"
"아무 물건도 가져오지 않았습니다."
"그대는 왜 대중 앞에서 거짓말을 하는가?"
그 승려가 대답이 없으니, 대사가 다시 그에게 물었다.
"진주에서는 어찌 앵무새가 나지 않는가?"
"앵무새는 농주(隴州)에서 납니다."
"드러내지 못함이 심하구나."

또 대사가 어떤 승려에게 물었다.

問如何是出家。師曰。喚什麼作家。師問僧。什麼處來。曰秦州來。師曰。將得什麼物來。曰不將得物來。師曰。汝為什麼對眾謾語。其僧無語。師却問。秦州豈不是出鸚鵡。僧曰。鸚鵡出在隴州。師曰。也不較多。師問僧。

"어디서 왔는가?"

"보은(報恩)에서 왔습니다."

"왜 거기에 있지 않았는가?"

"승려의 집은 일정하지 않습니다."

"이미 승려의 집이라 하면서 어째서 일정하지 않다 하는가?"

승려가 대답이 없었다.[7]

대사가 지장에 있을 때에 어떤 승려가 와서 보복 화상이 이미 열반에 들었다고 하니, 대사가 말하였다.

"보복은 열반에 들고, 지장은 탑에 들었느니라."[8]

나중에 왕공이 설봉에 올라와서 대중에게 옷을 보시했는데, 이때에 종엄(從弇)이라는 상좌가 밖에 나가고 없었으므로, 그의 사제(師弟)가 대신 이름을 적고 옷을 받아왔다.

什麼處來。曰報恩來。師曰。何不且在彼中。僧曰。僧家不定。師曰。既是僧家爲什麼不定。僧無對(玄覺代云。謝和尚顧問)。師住地藏時僧報云。保福和尚已遷化也。師曰。保福遷化地藏入塔(僧問法眼。古人意旨如何。法眼云。蒼天蒼天)。後王公上雪峯施眾僧衣時。有從弇上坐者不在。有師弟代上名受衣。

---

7) 현각(玄覺)이 대신 말하기를 "물어 주셔서 고맙습니다." 하였다. (원주)
8) 어떤 승려가 법안(法眼)에게 묻기를 "옛 사람의 뜻이 무엇입니까?" 하니, 법안이 "아이고, 아이고." 하였다. (원주)

종엄이 돌아오니 사제가 말하였다.

"제가 사형을 대신하여 이름을 적었습니다."

종엄이 말하였다.

"그대는 나의 이름을 무엇이라 했는가?"

사제가 대답이 없으니, 대사가 대신 말하였다.

"그렇다면 사형에게 고마움을 바랬겠군."

또 말하였다.

"무엇을 바란 곳인가?"

대사가 다시 한 번 대신 말하였다.

"두 번 다 근처의 이름일 뿐이다."9)

대사가 장경(長慶), 보복(保福)과 함께 고을에 들어갔는데, 모란 병풍을 보고 보복이 말하였다.

"한 떨기 좋은 모란꽃이구나."

弇歸。師弟曰。某甲為師兄上名了。弇曰。汝道我名什麼。師弟無對。師代云。師兄得恁麼貪。又云。什麼處是貪處。師又代云。兩度上名(雲居錫云。什麼處是弇上座兩度上名處)。師與長慶保福入州見牡丹障子。保福云。好一朵牡丹花。

---

9) 운거석(雲居錫)이 말하기를 "종엄 상좌에게 두 번 다 근처의 이름일 뿐이라고 한 곳이 어디인가?" 하였다. (원주)

장경이 말하였다.

"안화(眼花)¹⁰⁾가 아닙니까?"

대사가 말하였다.

"애석하구나. 한 떨기 꽃이라는 곳이여."¹¹⁾

대사가 어떤 승려에게 물었다.

"그대가 초경(招慶)에 있을 때에 뛰어난 일을 들은 것이 있거든 말해 봐라."

그 승려가 대답하였다.

"감히 말하여 그르칠 수 없습니다."

대사가 말하였다.

"진실한 일을 어떻게 이야기하겠는가?"

"화상은 무엇으로 인하여 그와 같이 되셨습니까?"

"그대는 말에 떨어졌구나."

長慶云。莫眼花。師曰可惜許一朶花(玄覺云。三尊宿語還有親疎也無。只如羅漢恁麼道落在什麼處)。師問僧。汝在招慶有什麼異聞底事試擧看。僧曰。不敢錯擧。師曰。眞實底事作麼生擧。僧曰。和尙因什麼如此。師曰。汝話墮也。

---

10) 안화(眼花) : 눈이 침침하여 앞에 어른거리는 헛것.
11) 현각(玄覺)이 말하기를 "세 존숙의 말에 옳고 그름이 있는가? 나한 선사가 그렇게 말한 뜻은 어디에 있는가?" 하였다. (원주)

어느 날 대중이 만참(晚參)을 하는데 나팔소리가 들렸다. 이에 대사가 말하였다.

"나한이 사흘에 한 번 법상에 오르자 왕태부(王太傅)가 두 차례 도왔느니라."

어떤 승려가 물었다.
"어떤 것이 학인의 본래 마음입니까?"
대사가 말하였다.
"이것이 그대의 본래 마음이다."

승려가 물었다.
"대사께서 보좌(寶座)에 앉아 설법하여 사람을 제도하시는데, 누구를 제도하시렵니까?"
대사가 말하였다.
"그대도 보좌에 앉아 있는데 누구를 제도하는가?"

衆僧晚參聞角聲。師曰。羅漢三日一度上堂。王太傅二時相助。僧問。如何是學人本來心。師曰。是汝本來心。僧問。師居寶座說法度人。未審度什麼人。師曰。汝也居寶座度什麼人。

승려가 물었다.

"거울 속의 형상을 보기는 어렵지 않다 하는데, 어떤 것이 거울입니까?"

대사가 말하였다.

"형상은 보았는가?"

승려가 물었다.

"근본을 얻기만 하면 결과는 근심하지 말라 하였는데, 어떤 것이 결과입니까?"

대사가 말하였다.

"온통 다 이니라."

대사가 병이 나니 어떤 승려가 물었다.

"화상의 병환이 좀 어떠하십니까?"

대사가 주장자로 땅을 짚으면서 말하였다.

"그대는 이것도 아픔을 느낀다 여기는가?"

"화상께서는 누구에게 물으셨습니까?"

僧問。鏡裏看形見不難。如何是鏡。師曰。還見形麼。僧問。但得本莫愁末如何是末。師曰。總有也。師因疾。僧問。和尚尊候較否。師以杖拄地曰。汝道這箇還痛否。僧曰。和尚問阿誰。

대사가 말하였다.
"그대에게 물었다."
"아직도 아프십니까?"
"원래 나는 한 가지로 도리를 짓는다."

나중에 대사는 후당(後唐)의 천성(天成) 3년, 무자(戊子) 가을에 다시 민성(閩城)의 옛 터로 돌아와 가까운 고을의 절들을 두루 돌아본 뒤에 갑자기 병이 나서 며칠 만에 임종하니, 수명은 62세이고, 법랍은 40세였다.

다비를 하고 사리를 거두어 절 서쪽 뒤에다 탑을 세우니 유언에 따른 것이었다. 청태(淸泰) 2년 기미(己未) 12월 보름에 탑에 안치하니, 시호를 진응 선사(眞應禪師)라 하였다.

師曰。問汝。僧曰。還痛否。師曰。元來共我作道理。師後唐天成三年戊子秋復屆閩城舊止徧遊近城梵宇已。俄示疾數日安坐告終。壽六十有二。臘四十。茶毘收舍利建塔扵院之西隅稟遺教也。淸泰二年己[12]未十二月望日入塔。謚曰眞應禪師。

---

12) 己가 송, 원, 명나라본에는 乙로 되어 있다.

 토끼뿔

∽ "이 음식을 먹으려면 어떤 방편을 써야 합니까?" 했을 때

대원은 "소리를 토해내지만 말고 삼켜서 보아라." 하리라.

∽ "그러면 몸이 없겠습니다." 하니 "고통이 심하겠다." 했는데

대원이라면 "그러면 몸이 없겠습니다." 했을 때
"그런 말은 어디서 났는가?" 하리라.

∽ "그러면 학인이 잘못했습니다." 하니 "물러가서 근신하라." 했는데

대원이라면 "그러면 학인이 잘못했습니다." 했을 때
"눈 위에 서리를 더하는구나." 하리라.

∽ "큰일을 긍정하지 않을 때에는 어떠합니까?" 했을 때

대원은 "구린내를 피워대는구나." 하리라.

☞ "어떤 것이 시방이 눈인 것입니까?" 했을 때

대원은 엄지를 세웠을 것이다.
"험."

☞ "거울 속의 형상을 보기는 어렵지 않다 하는데, 어떤 것이 거울입니까?" 했을 때

대원은 "거울과 형상이다." 하리라.

☞ "근본을 얻기만 하면 결과는 근심하지 말라 했는데, 어떤 것이 결과입니까?" 했을 때

대원은 "그것이다." 하리라.

☞ "화상의 병환이 좀 어떠하십니까?" 했을 때

대원은 "무엇을 보느냐?" 하리라.

복주(福州) 와룡산(臥龍山) 안국원(安國院) 혜구(慧球)
적조(寂照) 선사(제2세 주지)

적조 선사[13]는 천주(泉州) 포전(莆田) 사람이다. 구양산(龜洋山)에서 출가하였으며 현사에게 참문하고 대중의 우두머리로 있었다.
이때 대사가 물었다.
"어떤 것이 온통인 달입니까?"
현사가 말하였다.
"그대는 그 달을 무엇에 쓰려는가?"
대사가 이로부터 깨달음에 들었다.

양(梁)의 개평(開平) 2년에 현사가 열반에 들려고 하자, 민수(閩帥) 왕(王)씨가 아들을 보내 문병을 하면서 그의 뒤를 이어 설법할 이가 누구인가를 조용히 보여 달라고 하니, 현사가 말하였다.

福州臥龍山安國院慧球寂照禪師(第二世住亦曰中塔)。泉州莆田人也。龜洋山出家。玄沙室中參訊居首。因問。如何是第一月。玄沙曰。用汝箇月作麼。師從此悟入。梁開平二年玄沙將示滅。閩帥王氏遣子至問疾。仍請密示繼踵說法者誰乎。玄沙曰。

---

13) 제2세 주지. 또는 중탑 화상이라고 부른다. (원주)

"혜구(慧球) 제자가 될 것이다."

왕씨가 속으로 이 뜻을 간직해 두고, 이어 고산 국사(鼓山國師)에게 물었다.

"와룡의 법석을 누가 맡아야 합니까?"

고산이 고을 안에 있는 고승으로서 도안(道眼)을 갖춘 12인을 천거하였는데, 모두가 세상에 나설 수 있는 이들이었다.

왕씨도 잠자코 묵인했다가 법당을 여는 날, 관리와 승려가 많이 모인 자리에서 홀연히 대중에게 물었다.

"누가 혜구 상좌입니까?"

대중이 대사를 가리키니, 왕씨가 자리에 오르기를 청하였다. 대사가 말없이 보이고 대중에게 말하였다.

"고요하고 편안함을 의심하지 말고 감당할 수 없다고도 말라. 가없음을 모르고 어떻게 의논해서 따지랴.

球子得。王氏默記遺旨乃問鼓山國師曰。臥龍法席孰當其任。鼓山舉城下宿德。具道眼者十有二人。皆堪出世。王氏亦默之。至開堂日官寮與僧侶俱會法筵。王氏忽問眾曰。誰是球上座。於是眾人指出師。王氏便請陞座。師良久謂眾曰。莫嫌寂寞。莫道不堪。未詳涯際作麼生論量。

그러므로 보통 음향에 의지하여 일으켜 써서 한두 차례 그의 기틀을 발현하도록 일러 주기는 하지만 시방세계에서 한 사람도 짝할 이를 얻을 수 없느니라."

어떤 승려가 물었다.
"불법의 대의에 어떤 방편으로 단번에 들어갈 수 있습니까?"
대사가 말하였다.
"들어가는 것이 방편이다."

"구름은 어느 산에서 일고, 바람은 어느 개울에서 생깁니까?"
"힘을 다해 베풀어 위하나 탑 가운데를 여의지 않느니라."

대사가 법상에 올라 대중에게 말하였다.
"내가 여기서 죽이나 밥을 먹는 인연으로 인하여 그대들에게 들어서 제창해 주지만 결국은 항상함이 아니다.

所以尋常用其音響。聊撥一兩下助他發機道。盡十方世界覓一人為伴侶不可得。僧問。佛法大意從何方便頓入。師曰。入是方便。問雲自何山起風從何澗生。師曰。盡力施為不離中塔。師上堂謂眾曰。我此間粥飯因緣為兄弟舉唱終是不常。

요긴한 곳을 알고자 하면 산하대지(山河大地)가 도리어 그대들을 도와서 깨닫게 하여 주리니, 그 도로서 항상한다면 구경에 이를 것이다.

만일 문수(文殊)의 문으로 들려 하면 온갖 무위인 토목(土木)이나 기와쪽들도 그대들이 기틀 발하는 것을 도울 것이요, 만일 관음(觀音)의 문으로 들려 하면 온갖 음향인 개구리, 지렁이 소리가 그대들이 기틀 발하는 것을 도울 것이요, 만일 보현(普賢)의 문으로 들려 하면 걸음을 옮기지 않고 이를 것이다.

나는 이 세 가지 방편으로 그대들에게 보이니, 마치 부러진 젓가락 하나로 바다를 저어서 고기와 용들로 하여금 물이 저희들의 생명임을 알게 하는 것인 줄 알겠는가? 만일 지혜의 눈이 없이 살펴서 알려 하면 아무리 백 가지 교묘함을 다하여도 구경(究竟)을 성취할 수 없다."

欲得省要。却是山河大地與汝發明。其道既常亦能究竟。若從文殊門入者。一切無爲土木瓦礫助汝發機。若從觀音門入者。一切音響蝦蟆蚯蚓助汝發機。若從普賢門入者。不動步而到。我以此三門方便示汝。如將一隻折筯攪大海水。令彼魚龍知水爲命。會麼。若無智眼而審諦之。任汝百般巧妙不爲究竟。

어떤 승려가 물었다.

"학인이 요즈음 총림에 들어와서 자기의 일을 밝히지 못했으니, 스님께서 가리켜 보여 주십시오."

대사가 주장자로 가리키면서 말하였다.

"알겠는가?"

"모르겠습니다."

"내가 그토록 그대를 위해 노력했지만 도리어 사람을 억압한 것이 되었구나. 알겠는가? 만일 종래(從來)의 일이 본인 분상(分上)의 것임을 알았다면 처음으로 총림에 들어왔거나 과거의 모든 부처님이거나를 막론하고 모자람이 없을 것이다. 마치 바닷물 속의 온갖 고기나 용들이 처음 나서 늙기까지 물을 수용하는 것이 모두 평등한 것과 같으니라."

승려가 말하였다.

"정종(正宗)을 어기지 않고 스님께서 진실을 말씀해 주십시오."

대사가 말하였다.

"그대가 나를 대신해서 말하였다."

僧問。學人近入叢林不明己事乞師指示。師以杖指之曰。會麼。曰不會。師曰。我恁麼為汝却成抑屈人。還知麼。若約當人分上。從來底事不論初入叢林。及過去諸佛不曾乏少。如大海水。一切魚龍初生及至老死。所受用水悉皆平等。問不謬正宗請師真實。師曰。汝替我道。

"분별하지 못하는 이가 있다면 어찌합니까?"
"분별하지 못하는 이가 오기만을 기다린다."

"모든 부처님도 스승이 있습니까?"
"있다."
"어떤 것이 모든 부처님들의 스승입니까?"
"아무도 알지 못한다."

대사가 법상에 올라 말없이 보이자, 어떤 승려가 나와서 절을 하니, 대사가 말하였다.
"해골은 핍박하거나 해칠 수도 없다."

"어떤 것이 영산회상의 일입니까?"
"영리한 놈을 만날 수 없구나."
"영리한 사람을 홀연히 만나면 어찌합니까?"
"이 지랄병을 하는 놈아."

僧曰。或有不辨者作麼生。師曰。待不辨者來。問諸佛還有師否。師曰有。僧曰。如何是諸佛師。師曰。一切人識不得。師上堂良久。有僧出禮拜。師曰。莫教髑髏拶損。問如何是靈山會上事。師曰。少得靈利底。僧曰。忽遇靈利底作麼生。師曰。這懵懂漢。

대사가 법상에 올라 대중에게 보이고 말하였다.

"여러분이 헤아리고자 하거든 해골 뒤로 가서 소식을 통한 뒤에 와서 같이 상의하자. 거기에는 일찍이 남의 광명을 막은 적이 없다."

"위로부터의 종승의 일은 어떠합니까?"

대사가 말없이 보이니, 승려가 다시 물었다. 이에 대사가 할을 해서 내쫓았다.

"어떤 것이 대유령(大庾嶺)에서의 일입니까?"
"그대가 받아들이지 못할 것으로 짐작했었다."
"무게가 얼마나 됩니까?"
"그런 것은 겁을 두고 의논한들 어쩔 수 없을 것이다."

대사가 요(了) 원주에게 물었다.

師上堂示眾曰。諸人若要商量。向髑髏後通取消息來相共商量。這裏不曾障人光明。問從上宗乘事如何。師良久。僧再問。師便喝出。問如何是大庾嶺頭事。師曰。料汝承當不得。僧曰。重多少。師曰。這般底論劫不奈何。師問了院主。

"선사(先師)께서 시방세계가 온통 진실한 사람의 몸이라 하였는데, 그대는 승당(僧堂)을 보았는가?"

요 원주가 말하였다.

"화상의 안화(眼花)가 아닙니까?"

대사가 말하였다.

"선사께서 열반에 드셨는데 살이 아직 따뜻하다."

대사는 후당(後唐) 건화(乾化) 3년 계유(癸酉) 8월 17일에 병 없이 떠났다.

只如先師道。盡十方世界是眞實人體。你還見僧堂麼。了曰。和尙莫眼花。師曰。先師遷化肉猶暖在。師後唐乾化三年癸酉八月十七日不疾而逝。

 토끼뿔

   ∽ "구름은 어느 산에서 일고, 바람은 어느 개울에서 생깁니까?"
했을 때

   대원은 "개울이고 구름이다." 하리라.

   ∽ "무게가 얼마나 됩니까?" 했을 때

   대원은 "무게다." 하리라.

항주(杭州) 천룡사(天龍寺) 중기(重機) 명진(明眞) 대사

명진 대사는 태주(台州) 황암(黃巖) 사람이다. 현사에게 법을 얻고는 바로 절중(浙中)14)으로 들어갔다. 전무숙왕(錢武肅王)이 주지에게 설법해 주기를 청하니, 법상에 올라 대중에게 보이고 말하였다.

"만일 종풍(宗風)을 바로 들어 오직 본분의 일을 홀로 외치면 무딘 돌과 같고, 만일 범부니 성인이니를 끊는 소식을 말하자면 산하대지 할 것 없이 시방세계가 온통 외짝 눈이니라. 이도 어쩔 수 없어서 하는 말이다.

그러므로 항상 말하기를 소경이고 귀머거리이고 벙어리인 자가 바로 선타바(僊陀婆)15)여서, 눈에 보이는 모든 사람들이 어쩌지 못한다고 했다.

杭州天龍寺重機明眞大師。台州黃巖人也。自玄沙得法迴入浙中。錢武肅王請說法住持。上堂示眾曰。若直舉宗風。獨唱本分事。便同於頑石。若言絕凡聖消息。無大地山河。盡十方世界都是一隻眼。此乃事不獲已恁麼道。所以常說。盲聾瘖瘂是僊陀。滿眼時人不奈何。

---

14) 절중(浙中) : 절강성 지방.
15) 선타바(僊陀婆) : 소금, 그릇, 물, 말(馬)의 네 가지 의미를 담고 있다. 『열반경』의 일화에 어떤 왕이 선타바를 명하면 오직 한 대신만이 때에 맞추어 판단하여 틀리지 않았다 한다. 이처럼 지혜로운 이를 비유할 때 쓰인다.

다만 눈앞의 것이 참몸의 묘함이니 몸이요, 마음이요, 삼라만상이니라."

어떤 승려가 물었다.
"어떤 것이 구슬이 움직이지 않는 것입니까?"
대사가 말하였다.
"청산이 겹겹이니라."
"어떤 것이 고요해서 끝이 없는 것입니까?"
"흰 구름 한 줄기이니라."

"어떤 것이 근원에 돌아가서 뜻을 얻는 것입니까?"
"토끼에게 뿔이 돋았다."
"어떤 것이 비춤을 따라서 종지를 잃는 것입니까?"
"거북의 털이 빠졌다."

只向目前須體妙身心萬象與森羅。僧問。如何是璿璣不動。師曰。青山數重。僧曰。如何是寂爾無垠。師曰。白雲一帶。問如何是歸根得旨。師曰。兔角生也。僧曰。如何是隨照失宗。師曰。龜毛落也。

"연꽃이 물에서 나기 전에는 어떠합니까?"
"누가 있음을 모르던가?"
"물에서 나온 뒤에는 어떠합니까?"
"형향이니라."

"밝은 달이 하늘에서 비칠 때에는 어떠합니까?"
"바로 이러한데 광경(光景)을 나눈다면 어찌 옥루(玉樓)를 가리킨 소식이라고 하겠는가?"

問蓮華未出水時如何。師曰。誰人不知有。僧曰。出水後如何。師曰。馨香。問朗月輝空時如何。師曰。正是分光景何消指玉樓。

 토끼뿔

"연꽃이 물에서 나기 전에는 어떠합니까?" 했을 때

대원은 "처마끝에 참새가 내 먼저 일렀다." 하고

"물에서 나온 뒤에는 어떠합니까?" 했을 때

대원은 "이렇다." 하리라.

복주(福州) 선종원(僊宗院) 계부(契符) 청법(清法) 대사

청법 대사가 처음으로 개당(開堂)하는 날에 어떤 승려가 물었다.
"스님께서 보배 자리에 오르셨는데, 무슨 일을 말씀하시겠습니까?"
대사가 말하였다.
"귓구멍을 쪼개서 열어라."
"옛사람들은 어째서 귀와 눈으로는 미치지 못한다 하였습니까?"
"금앵수(金櫻樹)에 배가 열리지는 않는다."
"고금(古今)이 미치지 못하는 곳을 스님께서 말씀해 주십시오."
"그대는 어떻게 묻는가?"

"여러 사람이 금을 일면 누가 얻습니까?"
"손만 들어도 천 리나 멀어지니, 공력마저 쉬어야 뜻대로 보느니라."

　　福州僊宗院契符清法大師。初開堂日有僧問師。登寶座合談何事。師曰。剔開耳孔著。僧曰。古人為什麼道非耳目之所到。師曰。金櫻樹上不生梨子。僧曰。古今不到處請師道。師曰。汝作麼生問。問眾手淘金誰是得者。師曰。舉手隔千里休功任意看。

"나는 듯한 산봉우리 바위 옆에 꽃이 수려한데 선경대(仙境臺) 앞의 일은 어떠합니까?"

"가격으로 따질 수 없는 큰 보배 광명이 나타났건만, 눈 어두운 나그네는 캄캄하니 어찌하리오."

"우담발화 꽃이 활짝 피면 사람들이 다 보지만, 모든 것을 초월했다는 것마저 없는 종승의 뜻은 어떠합니까?"

"그대가 종승의 뜻을 묻는다면 살바하(薩婆訶)인 고요한 곳과 같을 수 없다."

"어떤 것이 대민국(大閩國) 가운데 부처님들의 경지입니까?"

"조화(造化)의 공덕을 끝내 헤아리기 어려움이여, 봄바람이 제 홀로 살랑거린다."

問飛岫巖邊華子秀仙境臺前事若何。師曰。無價大寶光中現。暗客惛惛爭奈何。僧曰。優曇華拆人皆覩向上宗乘意若何。師曰。闍梨若問宗乘意。不如靜處薩婆訶。問如何是大閩國中諸佛境界。師曰。造化終難測春風徒自輕。

"어떤 것이 도(道) 가운데의 보배입니까?"
"운손(雲孫)[16]의 눈물이 여전히 흐르는구나."

"모든 성현들이 광채를 거두고 근원에 돌아간 뒤에는 어떠합니까?"
"원숭이의 번거로운 세 마디 소리도 끊겼건만 만 리의 나그네가 근심스러이 듣는다."
"지금 사람들이 어찌하여야 옛사람의 기틀에 이르겠습니까?"
"좋은 마음으로 그대에게 이르니, 마음에 나기 이전이라는 것까지도 삼가해야 한다."

問如何是道中寶。師曰。雲孫淚亦垂。問諸聖收光歸源後如何。師曰。三聲猿屢斷萬里客愁聽。僧曰。未審今時人如何湊得古人機。師曰。好心向子道切忌未生時。

---

16) 운손(雲孫) : 구름과 같이 멀어진 자손이라는 뜻으로, 8대째가 되는 자손을 이른다.

 토끼뿔

☞ "모든 성현들이 광채를 거두고 근원에 돌아간 뒤에는 어떠합니까?" 했을 때

대원은 방자리를 크게 한 번 쳤을 것이다.

☞ "지금 사람들이 어찌하여야 옛사람의 기틀에 이릅니까?" 했을 때

대원은 "매미 노래에 나무 춤춘다." 하리라.

무주(婺州) 금화산(金華山) 국태원(國泰院) 도(瑫) 선사

도(瑫) 선사가 법상에 올라 말하였다.
"제자리를 여의지 않으면 모두가 오묘하고 밝은 참 마음이니라. 그러므로 현사(玄沙) 화상께서 말씀하시기를 '나의 최후구(最後句)를 알면 세상을 뛰어넘건마는 아는 이가 적다.'라고 하셨으니, 어떻게 해야 국태의 마지막 일구(一句)와 같겠는가?"

어떤 승려가 물었다.
"어떤 것이 국태의 마지막 일구입니까?"
대사가 말하였다.
"그대는 매우 더딘 사람이구나."

"어떤 것이 비로자나의 스승입니까?"
"나와 너의 제자이니라."

婺州金華山國泰院瑫禪師。上堂日。不離當處咸是妙明真心。所以玄沙和尚道。會我最後句出世少人知。爭似國泰有末頭一句。僧問。如何是國泰末頭一句。師曰。闍梨上太遲生。問如何是毘盧師。師曰。某甲與老兄是弟子。

"달마가 중국에 온 것은 묻지 않겠습니다. 어떤 것이 오기 전의 소식입니까?"
"몸소 양무제를 만났느니라."

"옛 거울을 갈기 전에는 어떠합니까?"
"옛 거울이니라."
"간 뒤에는 어떠합니까?"
"옛 거울이니라."

問達磨來唐土即不問。如何是未來時事。師曰。親遇梁王。問古鏡未磨時如何。師曰。古鏡。僧曰。磨後如何。師曰。古鏡。

토끼뿔

"옛 거울을 갈기 전에는 어떠합니까?" 했을 때

대원은 "더 분명할 수는 없다." 하리라.

형악(衡嶽) 남대(南臺) 성(誠) 선사

성(誠) 선사에게 어떤 승려가 물었다.
"현사의 종지를 스님께서 드러내어 주십시오."
대사가 말하였다.
"어느 곳에서 이 소식을 얻을 수 있겠는가?"
"지도를 받아들이려면 어떻게 해야 합니까?"
"몸소 미혹함이 없는 사람이라야 얻는다."

"못 속의 맑은 달은 어떤 이의 경계입니까?"
"그대가 간섭할 일이 아니다."
"설령 서로 물은들 무슨 방해가 되겠습니까?"
"못 속의 달을 찾으면 얻지 못한다."

衡嶽南臺誠禪師。僧問。玄沙宗旨請師舉揚。師曰。什麼處得此消息。僧曰。垂接者何。師曰。得人不迷己。問潭淸月現是何人境界。師曰。不干你事。僧曰。相借問又何妨。師曰。覓潭月不可得。

"땅에서 네 치나 떨어졌거늘 어째서 물고기의 문채가 있습니까?"
"성인의 역량이 자유자재하였기에 있었느니라."
"그 역량은 누구를 위하여 베푼 것입니까?"
"성인을 위함은 아니다."

問離地四指為什麼却有魚紋。師曰。有聖量在。僧曰。此量為什麼人施。師曰。不為聖人。

 토끼뿔

"못 속의 맑은 달은 어떤 이의 경계입니까?" 했을 때

대원은 "이것이니라." 하리라.

복주(福州) 승산(升山) 백룡원(白龍院) 도희(道希) 선사

도희 선사는 복주 민현(閩縣) 사람이다.
대사가 법상에 올라 말하였다.
"발도 들 필요가 없으니, 이는 누구의 위광(威光)인가? 알겠는가? 만일 자신의 집에 거처함을 말하자면 본래 스스로 이러-해서 기쁨마저 끊어져 교섭함도 없다."

어떤 이가 물었다.
"어떤 것이 서쪽에서 오신 뜻입니까?"
대사가 말하였다.
"그대는 어디서 왔는가?"

"어떤 것이 불법의 대의입니까?"
"그대는 벌써 세 차례 절을 하였다."

福州升山白龍院道希禪師。福州閩縣人也。師上堂曰。不要舉足是誰威光。還會麼。若道自家去處本自如是。切喜勿交涉。問如何是西來意。師曰。汝從什麼處來。問如何是佛法大意。師曰。汝早禮三拜。

"올라온 것은 꾸짖지 마시고 스님께서 바로 일러 주십시오."
"깨달았다."

"어떤 것이 바르고 참된 도입니까?"
"나귀를 타고 나귀를 찾는구나."

"스님께서 주인과 객이 없는 도리를 대답해 주십시오."
"지난 해를 기억한다."
"지금은 어떠합니까?"
"귀만 먹은 것이 아니라 눈까지 멀었구나."

"정식(情識)이 사라져 본체에 합할 때는 어떠합니까?"
"따로 다시 무슨 꿈을 보겠느냐?"

"학인이 한 가지를 묻고자 하니 스님께서 결단해 주십시오."
"결단할 수 없느니라."

問不責上來。請師直道。師曰得。問如何是正真道。師曰。騎驢覓驢。問請師答無賓主話。師曰。昔年曾記得。僧曰。即今如何。師曰。非但耳聾亦兼眼暗。問情忘體合時如何。師曰。別更夢見箇什麼。問學人擬申一問請師裁。師曰。不裁。

"어째서 결단할 수 없습니까?"
"좋은 솜씨인줄 알아야 한다."

"대중이 운집했으니 스님께서 종사(宗師)의 가르침을 거량해 주십시오."
"허락할 만한 자를 만나기가 드물구나."

"입술을 거치지 않는 말을 스님께서 가리켜 보여 주십시오."
"입술을 거치지 않고 물어 봐라."
"그러시면 중생들이 신뢰함이 있겠습니다."
"부질없는 말을 말라."

"화상께서 생생한 기틀로 답해 주십시오."
"지필(紙筆)을 가지고 와서 기록해 가라."

僧曰。爲什麽不裁。師曰。須知好手。問大眾雲集請師舉揚宗教。師曰。少過聽者。問不涉脣鋒乞師指示。師曰。不涉脣鋒問將來。僧曰。恁麽即群生有賴。師曰。莫閑言語。問請和尚生機答話。師曰。把紙筆來錄將去。

"어떤 것을 큰 어귀[大口]라고 생각하십니까?"
"나와라. 그대에게 말해 주리라."
"학인이 지금 나오는 것을 보셨습니까?"
"벌써 몇 사람이나 속였는가?"

"듣건대 옛사람이 해골은 항상 세계를 돕고 콧구멍은 해골의 가풍을 드러낸다 했는데, 어떤 것이 해골이 세상에 항상한다는 것입니까?"
"가까이 오너라. 그대에게 말해 주리라."
"어떤 것이 콧구멍의 털만 닿아도 가풍을 이루는 것입니까?"
"물러갔다가 다른 때에 오라."

問如何是思大口。師曰。出來向你道。僧曰。學人即今見出。師曰。曾賺幾人來。問承古人有言。髑髏常干世界鼻孔毛觸家風。如何是髑髏常干世界。師曰。近前來向你道。僧曰。如何是鼻孔毛觸家風。師曰。退後去別時來。

 토끼뿔

∽ "정식이 사라져 본체에 합할 때는 어떠합니까?" 했을 때

대원은 "외기러기 소리다." 하리라.

∽ "학인이 한 가지를 묻고자 하니, 스님께서 결단해 주십시오." 했을 때

대원은 "당초에 결단해 줄 것이 없다." 하리라.

∽ "화상께서 생생한 기틀로 답해 주십시오." 했을 때

대원은 "확실하다." 하리라.

∽ "어떤 것을 큰 이귀[人口]라고 생각하십니까?" 했을 때

대원은 정강이를 한 번 차 주었을 것이다.

∽ "듣건대 옛사람이 해골은 항상 세계를 돕고 콧구멍은 해골의 가풍을 드러낸다 했는데, 어떤 것이 해골이 세상에 항상한다는 것입니까?" 했을 때

대원은 "더 보일 수 없다." 하리라.

복주(福州) 나봉(螺峯) 충오(沖奧) 명법(明法) 대사

명법 대사는 전에 백룡(白龍)에서 살았다.
대사가 법상에 올라 말하였다.
"사람마다 구족하고 사람마다 이루어져 있음을 보아라. 어찌 노승을 괴이하게 여기리오. 안녕."
어떤 승려가 물었다.
"모든 법의 적멸한 상은 말로써 형용할 수 없다 하는데, 어떤 것이 적멸한 상입니까?"
대사가 말하였다.
"문답(問答)이 갖추어졌구나."
"그러면 진여의 법계여서 나도 없고, 남도 없겠습니다."
"특별한 바탕이거늘 사람을 근심하게 하라."

福州螺峯沖奧明法大師。先住白龍。師上堂曰。人人具足人人成見。爭怪得山僧。珍重。僧問。諸法寂滅相不可以言宣。如何是寂滅相。師曰。問答俱備。僧曰。恁麼即眞如法界無自無他。師曰。特地令人愁。

"우두가 4조를 보기 전에는 어떠하였습니까?"
"도덕이 중후하니 귀신이 흠앙했느니라."
"본 뒤에는 어떠합니까?"
"온통 몸이어서 성인이라도 헤아리지 못하느니라."

"어떤 것이 나봉의 일구(一句)입니까?"
"괴롭다."

"어떤 것이 본래의 사람입니까?"
"송라(松蘿)¹⁷⁾의 경계가 위태로움을 슬퍼한다."

問牛頭未見四祖時如何。師曰。德重鬼神欽。曰見後如何。師曰。通身聖莫測。問如何是螺峯一句。師曰苦。問如何是本來人。師曰。惆悵松蘿境界危。

---

17) 송라(松蘿) : 소나무 겨우살이.

 토끼뿔

༄ "모든 법의 적멸한 상은 말로써 형용할 수 없다 하는데, 어떤 것이 적멸한 상입니까?" 했을 때

대원은 할을 했을 것이다.

༄ "본 뒤에는 어떠합니까?" 했을 때

대원은 "우러러볼 위도 없고, 내려볼 아래도 없다."하리라.

천주(泉州) 수룡산(睡龍山) 화상

수룡산 화상에게 어떤 승려가 물었다.
"어떻게 해야 눈에 보이는 것마다 보리(菩提)이겠습니까?"
대사가 주장자로 쫓으니, 승려가 달아났다. 이에 대사가 말하였다.
"멈춰라, 멈춰. 다음에 작가를 만나거든 이야기해 봐라."

대사가 법상에 올라 주장자를 들고 말하였다.
"30년 동안 이 산에 살았더니 이 주장자의 힘을 얻었다."
이 때에 어떤 승려가 물었다.
"화상은 그에게서 어떤 힘을 얻으셨습니까?"
대사가 말하였다.

泉州睡龍山和尚。僧問。如何是觸目菩提。師以杖趁之。僧乃走。師曰。住住向後遇作家舉看。師上堂舉拄杖云。三十年住山得此拄杖氣力。時有僧問。和尚得他什麽氣力。師曰。

"개울도 건너고 고개도 넘고 동쪽도 떠받치고 서쪽도 떠받친다."[18]

過谿過嶺東拄西拄(招慶聞云。我不恁麽道。僧問。和尚作麽生道。招慶以杖下地拄行)。

---

18) 초경(招慶)이 듣고 말하기를 "나는 그렇게 말하지 않겠다." 하였다. 선승이 말하기를 "화상은 어떻게 말하시겠습니까?" 하니, 초경이 주장자로 땅을 찌르고 갔다. (원주)

 토끼뿔

"어떻게 해야 눈에 보이는 것마다 보리(菩提)이겠습니까?" 했을 때

대원은 "보는 것이 그 자체다." 하리라.

천태산(天台山) 운봉(雲峯) 광서(光緖) 지덕(至德) 대사

지덕 대사가 법상에 올라 말하였다.

"다만 중생들이 날마다 쓰면서도 모를 뿐이다. 비유하건대 삼천대천세계의 해, 달, 별, 강과 온갖 생명이 한 털구멍에서 나와 한 털구멍으로 들어가되 털구멍이 작은 것도 아니고, 세계가 큰 것도 아니나, 그 안의 중생들이 알지도 깨닫지도 못하는 것과 같다. 만일 쉽게 말한다면 상좌들이 날마다 쓰면서도 오히려 알지 못할 뿐이다."

어떤 승려가 물었다.

"낮에는 승려가 불상을 싣고 밤에는 불상이 승려를 싣는다 하니, 이 뜻이 어떠합니까?"

대사가 말하였다.

"그대는 어찌 찻방에서 왔다하지 않는가?"

天台山雲峯光緖至德大師。上堂日。但以眾生日用而不知。譬如三千大千世界日月星辰江河淮濟一切含靈從一毛孔入一毛孔。毛孔不小世界不大。其中眾生不覺不知。若要易會上座日用亦復不知。僧問。日裏僧馱像夜裏像馱僧。未審此意如何。師曰。闍梨豈不是從茶堂裏來。

 토끼뿔

"낮에는 승려가 불상을 싣고 밤에는 불상이 승려를 싣는다 하니, 이 뜻이 어떠합니까?" 했을 때

대원은 "나눈 것도 합한 것도 아니다." 하리라.

복주(福州) 대장산(大章山) 계여(契如) 암주

계여 암주는 복주의 영태(永泰) 사람이다. 천주(泉州) 백장촌(百丈村)의 도솔원(兜率院)에서 업을 닦았는데, 본래부터 홀로 지조를 쌓고 열심히 조사의 도를 탐구하였다. 나중에 현사에게 입실하여 깊은 뜻을 훤출히 깨달으니 현사가 예언하였다.

"그대의 선법이 이미 빼어났다. 뒷날 한 사람의 시자도 필요하지 않게 되리라."

대사가 이로부터 무리를 모으기에 힘쓰지도 않고, 아이들도 기르지 않으면서 소계산(小界山)에 숨어 큰 나무 썩은 것을 암자같이 파서 겨우 몸을 의지해 살았고, 지나가던 승려가 물으면 묻는 말에 따라 대답하되 정해진 법이 없이 응해 열어 보였다.

어떤 승려가 물었다.

福州大章山契如庵主。福州永泰人也。泉州百丈村兜率院受業。素蘊孤操志探祖道。預玄沙之室穎悟幽旨。玄沙記曰。子禪已逸格則他後要一人侍立也無。師自此不務聚徒不畜童侍。隱於小界山。剖大朽杉若小庵但容身而已。凡經遊僧至隨叩而應無定開示。僧問。

"생사(生死)가 닥쳐오면 어떻게 피합니까?"
대사가 말하였다.
"병부(兵符)[19]가 이르면 봉행한다."
"그러면 생사에 속박되는 것이겠습니다."
"아야야!"

"인도에서 석장(錫杖)을 짚은 뜻이 무엇입니까?"
대사가 석장을 번쩍 들었다가 땅에 세우고 흔드는데, 승려가 말하였다.
"그것이 무슨 뜻입니까?"
"이것은 장(張)씨 집을 때리는 것이다."
승려가 다시 말을 하려 하니, 대사가 석장으로 밀쳤다.

청활(淸豁)과 충후(沖煦), 두 장로가 대사의 명성은 들었으나 한 번도 만나지 못했다가 하루는 같이 방문을 하였다.

生死到來如何迴避。師曰。符到奉行。曰恁麼即被生死拘將去也。師曰。阿耶耶。問西天持錫意作麼生。師拈錫杖卓地振之。僧曰。未審此是什麼義。師曰。這箇是張家打。僧擬進語。師以錫擬之。淸豁沖煦二長老響師名未嘗會遇。一旦同訪之。

---

19) 병부(兵符) : 병력을 이동하는데 쓰였던 증표로 왕의 병부가 내려지면 병력을 이동했다.

이 때 마침 대사가 밤을 줍고 있었는데 청활이 물었다.
"도자(道者)여, 계여 암주가 어디에 계시오?"
대사가 말하였다.
"어디서 오셨습니까?"
"산 밑에서 왔소."
"무엇 때문에 여기까지 오셨습니까?"
청활이 물었다.
"여기가 어디오?"
대사가 읍(揖)하고 말하였다.
"가서 차나 마시지요."
두 사람은 그제야 그가 대사임을 알고 암자에까지 따라가서 자못 높은 담론을 맛보았다. 곁에 앉아서 이야기를 나누는 사이에 문득 밤이 되니, 이리와 호랑이가 암자 앞에 모여 들었는데 자연스럽게 길들여져 있었다. 청활이 이를 보고 시를 읊었다.

值師採粟。豁問曰。道者如庵主在何所。師曰。從什麼處來。曰山下來。師曰。因什麼得到這裏。曰這裏是什麼處所。師揖曰。去那下喫茶去。二公方省是師。遂詣庵所頗味高論。晤坐於左右不覺及夜。覩豺虎奔至庵前自然馴擾。豁因有詩曰。

행은 보통 행이 아니니
누군들 가고 머무는 정으로 대하리
한 술 밥으로 배불러 본적 없지만
만호(萬戶)에서 사는 것도 바라지 않네

도가 아니면 굴복시키기 어려우니
공연히 주먹으로 싸우려 하지 말라
용이 읊조리고 구름이 이는 곳에
한가한 휘파람 두서너 소릴세

두 장로는 이어 대장산에 암자를 짓고 대사에게 살라고 청하니, 두 곳에서 혼자 앉아 있기 52년 만에 세상을 마쳤다. 청활은 대사의 가르침을 받았지만 나중에 수룡(睡龍)에게 인가를 받았으므로 수룡의 법을 이어 장주(漳州)의 보복(保福)에 살았다.

行不等閑行。誰知去住情。一餐猶未飽。萬戶勿聊生。非道應難伏。空拳莫與爭。龍吟雲起處。閑嘯兩三聲。二公尋於大章山創庵請師居之。兩處孤坐垂五十二載而卒。豁雖承指喻。而後於睡龍印可乃嗣睡龍。住漳州保福。

토끼뿔

"인도에서 석장(錫杖)을 짚은 뜻이 무엇입니까?" 했을 때

대원은 "자질해 날아가는 저 기러기니라." 하리라.

복주(福州) 연화산(蓮華山) 영흥(永興) 녹(祿) 화상

민왕(閩王)이 대사를 청하여 개당하는 날, 법상에 오르기 전에 법상 앞에 서서 말하였다.

"대왕과 대중은 들으시오. 이미 진정한 거량(擧揚)이 있었으니, 이 한 모임이 모두 들었을 것이오. 어찌 듣지 못한 이가 있겠습니까? 듣지 못한 이가 있다면 이는 서로 속이는 것이오."

그리고서야 법상에 올랐다.

이에 어떤 승려가 물었다.

"국왕께서 스님을 청하여 세상에 나오게 하시니, 오늘의 한 모임이 영산회상과 어떠합니까?"

대사가 말하였다.

"옛에 사무쳐 지금에 전한다."

福州蓮華山永興祿和尚。閩王請師開堂日未陞座。先於座前立云。大王大眾聽。已有真正舉揚也。此一會總是得聞。豈有不聞者。若有不聞彼此相謾去也。方乃登座。僧問。國王請師出世。未委今日一會何似靈山。師曰。徹古傳今。

"어떤 것이 화상의 가풍입니까?"

"털끝에 항하사 세계를 나타내고, 해와 달을 그 가운데 나타낸다."

問如何是和尚家風。師曰。毛頭顯沙界日月現其中。

토끼뿔

"대왕과 대중은 들으시오. 이미 진정한 거량(擧揚)이 있었으니, 이 한 모임이 모두 들었을 것이오." 했을 때

대원은 "들을 일이라도 있었던가?" 하리라.

천태산(天台山) 국청사(國淸寺) 사정(師靜) 상좌

사정 상좌가 처음에 현사 화상을 만났을 때, 현사 화상이 대중에게 보이고 '여러분이 일생 동안을 부모가 죽은 것 같이 하기만 하면 나는 여러분이 끝내는 사무쳐 깨달을 것을 보장한다.'라고 말한 것을 듣고, 이에 대사가 앞의 말을 들어 물었다.

"교리에 가르치기를 아는 마음으로는 여래의 위없는 지견을 헤아리지 말라고 했는데 어찌해야 합니까?"

현사가 말하였다.

"그대는 끝내 사무쳐 깨달을 것이라고 한 것을 아는 마음으로 도리어 헤아려 미칠 수 있다고 여기는가?"

대사가 이로부터 믿음에 들어갔다. 나중에 천태산에서 30년을 살면서도 산에서 내려가지 않고 삼학(三學)을 두루 열람하였는데, 지조와 행이 고고하였고 선정을 닦는 여가에는 항상 경전을 보았다.

天台山國淸寺師靜上座。始遇玄沙和尙示眾云。汝諸人但能一生如喪考妣。吾保汝究得徹去。師乃躡前語而問曰。只如敎中不得以所知心測度如來無上知見。又作麽生。玄沙曰。汝道究得徹底所知心。還測度得及否。師從此信入。後居天台三十餘載。不下山。博綜三學操行孤立禪寂之餘常閱龍藏。

이에 멀고 가까이 있는 모두가 흠모하고 존중하니 사람들이 대정(大靜) 상좌라 불렀다.

일찍이 어떤 이가 물었다.
"제자는 밤마다 앉으면 잡념이 어지러이 일어나는데, 조복시키는 방법을 모르겠으니 가르쳐 주십시오."
대사가 말하였다.
"만일 밤에 앉아 있는데 잡념이 어지러이 일어나거든 어지러이 일어나는 마음으로, 어지러이 일어나는 곳을 비추어 살펴보면 비추어 살필 곳도 없을 것인데, 어지러이 일어나는 잡념이 어찌 존재하며, 살펴보는 마음을 돌이켜 살펴보면 능히 살핀다는 마음인들 있을 수 있겠는가? 또 능히 비추는 지혜는 본래 공하고, 대한다 하는 경계도 고요하니, 고요하되 고요할 것도 없어서 고요할 사람도 없다. 비추어서는 비춘다는 것마저 없어서 비출 경계도 없다.

遐邇欽重。時謂大靜上座。嘗有人問曰。弟子每當夜坐心念紛飛。未明攝伏之方。願垂示誨。師答曰。如或夜間安坐心念紛飛。却將紛飛之心以究紛飛之處。究之無處則紛飛之念何存。返究究心則能究之心安在。又能照之智本空。所緣之境亦寂。寂而非寂者。蓋無能寂之人也。照而非照者。蓋無所照之境也。

경계와 지혜가 모두 고요하면 마음과 생각이 평안하여 밖으로 찾을 것도 없고, 안으로 선정에도 머무를 것도 없어 두 길이 모두 없어져 온통인 성품의 기쁨이 그러-하리니, 이것이 근원으로 돌아가는 요긴한 도리이니라."

대사가 경전을 보다가 환(幻)의 뜻을 한 게송으로 지어 제방의 학자들에게 물었다.

법이 모두 환과 같다면
온갖 죄를 지어도 허물이 없겠거늘
어째서 지은 업이 없어지지 않아서
부처님의 자비로운 이끄심으로만 구제 되는가

境智俱寂心慮安然。外不尋枝內不住定。二途俱泯一性怡然。此乃還源之要道也。師因觀教中幻義乃述一偈問諸學流偈曰。
若道法皆如幻有
造諸過惡應無咎
云何所作業不忘[20]
而藉佛慈興接誘

---

20) 忘이 원나라본에는 亾으로 되어 있다.

이때에 소정(小靜) 상좌라는 이가 대답하였다.

환인(幻人)이 환을 일으켜 환의 바퀴를 돌리니
환의 업은 환으로 다스릴 바이네
환생(幻生)임을 깨닫지 못하면 모든 환이 고(苦)이니
깨달으면 환이라하나 환 그대로 무위(無爲)일세

사정과 소정 두 상좌가 함께 본산에서 입멸하니, 지금도 국청사에 옛터가 남아 있다.

時有小靜上座答曰。
幻人興幻幻輪圍
幻業能招幻所治
不了幻生諸幻苦
覺知如幻幻無為
二靜上座並終於本山。今國淸寺遺蹤在焉。

 토끼뿔

"제자는 밤마다 앉으면 잡념이 어지러이 일어나는데 조복시키는 방법을 모르겠으니 가르쳐 주십시오."했을 때

대원은 한 대 세게 때리며 "보라."했을 것이다.

앞의 복주(福州) 장경원(長慶院) 혜릉(慧稜) 선사의 법손

천주(泉州) 초경원(招慶院) 도광(道匡) 선사

도광 선사는 조주(潮州) 사람이다. 혜릉 화상이 처음에 초경원에 살기 시작할 때부터 입실하여 참문하고 모셨다.

혜릉이 부름을 받고 장락부(長樂府)에 들어가 서원(西院)에서 성대히 교화를 펴니, 대사가 뒤를 이어 초경원에 살았으며 배우는 무리가 여전하였다.

前福州長慶院慧稜禪師法嗣。泉州招慶院道匡禪師。潮州人也。自稜和尚始居招慶。師乃入室參侍。暨稜和尚召入長樂府盛化于西院。師繼踵住於招慶。學眾如故。

대사가 법상에 올라 말하였다.

"소리 이전에 알았다 하더라도 평생을 저버리는 것이요, 말〔言〕 이후에 기틀에 맞았다 해도 도의 본체와는 아주 어긋난다. 왜 그렇겠는가? 대중이여, 말해 봐라. 본래부터 어찌 했어야 하는가?"

또 대중에게 말하였다.

"초경이 오늘 저녁에 여러분에게 일시에 다 이야기하였다. 알아들었는가?"

이때에 어떤 승려가 나와서 말하였다.

"대중이 일시에 흩어지면 스님의 뜻에 맞겠습니까?"

"주장자로 때리는 것이 좋겠다."

승려가 절을 하니, 대사가 말하였다.

"눈먼 거북이에게 뜻은 있으나 새벽달에 갈 길이 없구나."

"어떤 것이 새벽달에 갈 길입니까?"

"눈먼 거북이의 뜻이니라."

師上堂曰。聲前薦得孤負平生。句後投機殊乖道體。爲什麼如此。大眾且道。從來合作麼生。又謂眾曰。招慶今夜與諸人一時道却。還委落處麼。時有僧出曰。大眾一時散去還稱師意也無。師曰。好與拄杖。僧禮拜。師曰。雖有盲龜之意。且無曉月之程。僧曰。如何是曉月之程。師曰。此是盲龜之意。

"어떤 것이 사문의 행입니까?"
"행하지 말라는 것은 행하지 마라."

"어떤 것이 서쪽에서 오신 뜻입니까?"
"모기가 무쇠 황소 위에 있다."

"어떤 것이 칼집 속에 있는 검입니까?"
대사가 말없이 보이니, 승려가 어리둥절하였다. 이에 대사가 말하였다.
"또한 초경에게 감사의 뜻을 바쳐야 되겠다."

"어떤 것이 종지를 제창하는 일구(一句)입니까?"
"초경을 매하게 할 수는 없다."
그 승려가 절을 하고 일어나니, 대사가 또 말하였다.
"초경을 매하게 할 수는 없다고 그대에게 부촉했는데, 어떤 것이 종지를 제창하는 일구(一句)인가?"
승려가 대답이 없었다.

問如何是沙門行。師曰。非行不行。問如何是西來意。師曰。蚊子上鐵牛。問如何是在匣劍。師良久。僧罔措。師曰。也須感荷招慶始得。問如何是提宗一句。師曰。不得昧著招慶。其僧禮拜起。師又曰不得昧著招慶。囑汝作麼生是提宗一句。僧無對。

"문수의 검 밑에서도 알지 못할 때에는 어찌합니까?"
"솜씨 있는 사람이 못되는구나."
"어떤 것이 솜씨 있는 사람입니까?"
"그대는 말에 떨어졌구나."

"어떤 것이 초경의 가풍입니까?"
"차라리 청빈을 즐길지언정 부정한 방법으로 얻은 복으로 큰 근심을 만들지 않는다."

"어떤 것이 남전(南泉)의 온통인 도(道)입니까?"
"그대에게 말하는 것은 사양하지 않겠으나, 드러난 가운데 또 드러내는 것을 삼가할 뿐이다."

"어떤 것이 불법의 대의입니까?"
"일곱 번 쓰러지고 여덟 번 넘어지는구나."

問文殊劍下不承當時如何。師曰。未是好手人。僧曰。如何是好手人。師曰。是汝話墮也。問如何是招慶家風。師曰。寧可淸貧自樂。不作濁富多憂。 問如何是南泉一線道。師曰。不辭向汝道恐較中更較去。問如何是佛法大意。師曰。七顚八倒。

"학인이 생각하는 것이 둔하니, 스님께서 자비를 드리워 온통인 도(道)를 열어 주십시오."
"이것이 노파심(老婆心)이니라."
"자비의 꽃이 피어서 거룩하신 자비를 입게 되었습니다만, 위로부터 내려오는 종승의 일은 어떠합니까?"
"그렇다면 그대에게 직접 물어야 옳다."

대사가 어떤 승려에게 물었다.
"어디를 갔다 오는가?"
승려가 말하였다.
"장작을 패고 옵니다."
"쪼개지지 않는 것도 있던가?"
"있습니다."
"어떤 것이 쪼개지지 않는 것인가?"
승려가 대답이 없으니, 대사가 말하였다.

問學人根思遲迴。乞師曲運慈悲開一線道。師曰。這箇是老婆心。僧曰。悲華剖坼以領尊慈。從上宗乘事如何。師曰。恁麼須得汝親問始得。師問僧。什麼處去來。僧曰。劈柴來。師曰。還有劈不破底也無。僧曰有。師曰。作麼生是劈不破底。僧無語。師曰。

"그대가 말을 못 하겠거든 나에게 물어라. 내가 말해 주리라."
승려가 말하였다.
"어떤 것이 쪼개지지 않는 것입니까?"
대사가 말하였다.
"정말로 사람이 속는 것은 바탕에서 움직였기 때문이다."
"움직이지 않는 것도 있습니까?"
"있다."
"어떤 것이 움직이지 않는 것입니까?"
"움직임이 동쪽에서 와서 서쪽으로 돌아갔다."

"법의 비가 두루 내려도 젖지 않는 곳이 있습니까?"
"있다."
"어떤 것이 젖지 않는 곳입니까?"
"물을 뿌려도 묻지 않는다."

汝若道不得問我。我與汝道。僧曰。作麼生是劈不破底。師曰。賺殺人因地動。僧問。還有不動者無。師曰有。僧曰。如何是不動者。師曰。動從東來却歸西去。問法雨普霑還有不潤處否。師曰有。僧曰。如何是不潤處。師曰。水灑不著。

"어떤 것이 초경의 깊고 깊은 곳입니까?"
"너라 할 것도 없다."
"어떤 것이 구중(九重) 성안의 사람입니까?"
"그대는 함께 듣고 알아 누리는가?"

대사가 법상에 올라 승려들이 법상을 둘러싸니, 대사가 말하였다.
"여기에 아무것도 없는데 여러분이 그렇게 애써서 재촉하고 다그친들 무엇 하겠는가? 마음으로 헤아리면 벌써 교섭할 길이 없어져서 문을 천 리나 만 리 지나치느니라.
이제 이미 법상에 올라왔으니 모두가 정신을 바짝 차려라. 초경이 여러분에게 한꺼번에 던져 주리라. 좋은가?"
대사가 다시 물었다.
"받았는가?"
대중이 대답이 없으니, 대사가 말하였다.

問如何是招慶深深處。師曰。和汝沒却。問如何是九重城裏人。師曰。還共汝知聞麼。師上堂僧眾擁法座。師曰。這裏無物。諸人苦恁麼相促相拶作麼。擬心早勿交涉。更上門戶千里萬里。今既上來各著精彩。招慶一時拋與諸人。好麼。師復問。還接得也未。眾無對。師曰。

"애써도 공이 없구나. 그대들은 이렇게 둔하지만 옛사람이었다면 하나 둘쯤은 흔쾌히 깨달았을 것이다. 보자마자 곧 믿어 지녀야 조금 밝다 하리라.

만일 이낱 사람이 있다면, 네 가지 공양뿐 아니라 유리로 땅을 만들고 백은(白銀)으로 벽을 삼더라도 귀하게 여기지 않으며, 제석이 앞을 인도하고 범왕이 뒤를 부축하고, 강을 저어 우유로 만들고 땅을 변하게 하여 황금으로 만든다 해도 만족하지 않으리라. 바로 이러함을 얻었다 할지라도 여전히 한 단계가 남아 있으니 알겠는가? 안녕."

勞而無功。汝諸人得恁麽鈍。看他古人一兩箇得恁麽快。纔見便負將去。亦較些子。若有此箇人。非但四事供養。便以瑠璃爲地白銀爲壁亦未爲貴。帝釋引前梵王從後。攪長河爲酥酪。變大地爲黃金。亦未爲足。直得如是猶更有一級在。還委得麽。珍重。

 토끼뿔

"초경을 매하게 할 수는 없다고 그대에게 부촉했는데, 어떤 것이 종지를 제창하는 일구인가?" 했을 때

대원은 "어디에 그 일구 없는 데도 있던가요?" 하리라.

항주(杭州) 용화사(龍華寺) 언구(彥球) 실상(實相) 득일(得一) 대사

득일 대사가 개당(開堂)하는 날에 대중에게 말하였다.

"오늘 이미 법상에 올랐으니 다시 무엇을 숨기랴. 다만 이러-히 숨기지 않는 일을 대중 가운데 어떤 이가 있어 증명할 수 있겠는 가? 있거든 바로 나와서 서로 함께 좋은 본보기를 만들자."

이때에 어떤 승려가 물었다.

"고을의 어른이 스님을 청했는데, 어떻게 종지(宗旨)를 거량하시 겠습니까?"

대사가 말하였다.

"그대가 딴 곳에 가거든 행여 잘못 전하지 말라."

승려가 물었다.

"이 자리는 하늘에서 내려왔습니까, 땅에서 솟았습니까?"

杭州龍華寺彥球實相得一大師。開堂日謂眾曰。今日旣陞法座。又爭解諱得。只如不諱底事。此眾還有人與作證明麼。若有卽出來相共作箇榜樣。時有僧問。郡尊請師。如何擧揚宗旨。師曰。汝到別處切忌謬傳。問此座爲從天降下爲從地湧出。

대사가 말하였다.

"이 무엇인고?"

"이 자리는 높고 넓은데 어떻게 하여야 오릅니까?"

"오늘 그대를 편안토록 하여 마쳤느니라."

"영산의 한 모임에서는 가섭이 친히 들었지만, 오늘의 이 모임에서는 어떤 이가 들었습니까?"

"나와 같이 일대사(一大事)에 부딪쳐 보자."

"확실히 준수하시군요."

"가서 물이나 길어다가 찻방에서 써라."

대사가 또 말하였다.

"예전부터 불법을 국왕, 대신이나 힘 있는 신도에게 부촉했는데, 오늘 군수와 여러 관원이 특별히 청해 주시니 고마움을 비길 곳 없다.

師曰。是什麽。僧曰。此座高廣如何陞得。師曰。今日幾被汝安頓著。問靈山一會迦葉親聞。今日一會何人得聞。師曰。同我者擊其大節。僧曰。酌然俊哉。師曰。去搬水漿茶堂裏用去。師又曰。從前佛法付囑國王大臣及有力檀越。今日郡尊及諸官寮。特垂相請不勝荷媿。

산승(山僧)에게 마지막 한 구절이 더 있는데 여러분에게 싸게 팔리라."

그리고는 대사가 벌떡 일어나서 말하였다.

"누가 사려는가? 있거든 나와라. 살 사람이 없다면 헐값에 스스로 거두리라. 오래 서 있었구나. 안녕."

대사가 언젠가 법상에 올라 말하였다.

"좋은 시절, 좋은 날이다. 빨리 일러라, 빨리 일러."

또 말하였다.

"대중은 내 앞으로 가까이 와서 내가 제일의(第一義)를 설하는 것을 들어라."

대중이 가까이 다가서니, 대사가 곧 달려가 때렸다.

"어떤 것이 학인 자신입니까?"

"눈 위에 서리를 더하였구나."

山僧更有末後一句子。賤賣與諸人。師乃起身立云。還有人買麼。若有人買即出來。若無人買即賤貨自收。久立。珍重。師有時上堂云。好時好日速道速道。又曰。人眾近前來聽老漢說第一義。大眾近前。師便打趁。問如何是學人自己。師曰。雪上更加霜。

토끼뿔

"대중은 내 앞으로 가까이 와서 내가 제일의(第一義)를 설하는 것을 들어라." 했을 때

대원은 "제일의라 했거늘 소리를 낮추고 소리를 낮추시오." 하리라.

항주(杭州) 임안현(臨安縣) 보안(保安) 연(連) 선사

연(連) 선사에게 어떤 승려가 물었다.
"어떤 것이 보안의 가풍입니까?"
대사가 말하였다.
"묻는 데 무슨 어려움이 있는가?"

"어떤 것이 취모검(吹毛劍)입니까?"
"예장사(豫章寺)에 무쇠 기둥이 견고하니라."
"학인이 잘 모르겠습니다."
"장강(漳江)에 몸소 이르러야 한다."

"어떤 것이 사문의 행입니까?"
"스님의 머리에 관(冠)을 썼다."

杭州臨安縣保安連禪師。僧問。如何是保安家風。師曰。問有什麼難。問如何是吹毛劍。師曰。豫章鐵柱堅。僧曰。學人不會。師曰。漳江親到來。問如何是沙門行。師曰。師僧頭上戴冠子。

"어떤 것이 서쪽에서 오신 뜻입니까?"
"죽은 범도 족히 남의 구경거리가 되는구나."

"물음과 대답이 번갈아 오갔는데, 어떤 것이 보안이 사람을 놀라게 하지 않는 구절입니까?"
"그대가 딴 곳에 가면 어떻게 이야기하겠는가?"

問如何是西來意。師曰。死虎足人看。問一問一答彼此興來。如何是保安不驚人之句。師曰。汝到別處作麼生舉。

토끼뿔

"물음과 대답이 번갈아 오갔는데, 어떤 것이 보안이 사람을 놀라게 하지 않는 구절입니까?" 했을 때

대원은 "어떻느냐?" 하리라.

복주(福州) 보자원(報慈院) 광운(光雲) 혜각(慧覺) 대사

혜각 대사가 법상에 올라 말하였다.

"병을 고치는 약은 당나귀에 싣고 올 필요가 없다. 오늘 밤 형편에 따르자면 제각기 방에 돌아가는 것이 좋겠다. 안녕."

어떤 승려가 물었다.

"듣건대 혜각 스님께 입을 열 수 없게 하는 비결이 있다는데, 어떻게 남에게 보이십니까?"

대사가 말하였다.

"내 손에 주장자가 없기 다행이다."

승려가 말하였다.

"그렇다면 거룩한 자비를 많이 입었겠습니다."

"나의 긍정을 기다려 그대가 얻었다 할 것이냐?"

福州報慈院光雲慧覺大師。上堂云。瘥病之藥不假驢馱。若據今夜各自歸堂去也。珍重。僧問。承聞慧覺有鎖口訣如何示人。師曰。賴我拄杖不在手。僧曰。恁麼即深領尊慈也。師曰。待我肯汝即得。

대사가 고을에 들어갔는데 민왕(閩王)이 물었다.
"보자(報慈)와 신천(神泉)의 거리는 얼마나 됩니까?"
대사가 말하였다.
"멀다 가깝다를 말하는 것은 친히 이르는 것만 못합니다."
그리고는 대사가 다시 물었다.
"대왕께서 날마다 천 가지 일에 임하시는데, 이 무슨 마음입니까?"
왕이 말하였다.
"어느 곳에서 마음을 얻겠습니까?"
대사가 말하였다.
"어찌 마음 없는 이가 있겠습니까?"
"그 쪽의 일은 어떠합니까?"
"그 쪽을 향해 물어 보십시오."
"스님께서 딴 사람을 속인다고 해야겠습니다."

師入府閩王問。報慈與神泉相去近遠。師曰。若說近遠不如親到。師却問曰。大王日應千差。是什麼心。王曰。什麼處得心來。師曰。豈有無心者。王曰。那邊事作麼生。師曰。請向那邊問。王曰。道師謾別人即得。

복주(福州) 보자원(報慈院) 광운(光雲) 혜각(慧覺) 대사

"대중이 모두 모였으니, 스님께서 거량해 주시기 바랍니다."
"또 몇 사람이나 듣지 못한 이가 있는가?"
"그러시다면 올라올 것도 없어야 했습니다."
"올라올 것도 없어야 했다면 그대는 어느 곳에서 알려 하는가?"
"만약 처소가 있다면 화상을 저버리는 것입니다."
"정밀함과 거치름을 가리지 못할까 걱정이다."

"설법을 하는 이는 법답게 말해야 한다 하는데, 이 뜻이 어떤 것입니까?"
"무슨 잘못된 것이 있는가?"

"옛사람이 벽을 향한 뜻은 무엇입니까?"
대사가 때렸다.

"말에 의하지 않고 지름길로 말씀해 주십시오."
"무엇하러 다시 생각하고 분별하랴."

問大衆臻湊請師擧揚。師日。更有幾人未聞。日恁麽即不假上來也。師日。不上來且從汝向什麽處會。日若有處所即孤負和尚。師日。即恐不辨精麁。問夫說法者當如法說。此意如何。師日。有什麽疑訛。問故人面壁意如何。師打之。問不假言詮請師徑直。師日。何必更待商量。

 토끼뿔

"말에 의하지 않고 지름길로 말씀해 주십시오." 했을 때

대원은 옆구리를 한 대 먹였을 것이다.
"험."

여산(廬山) 개선사(開先寺) 소종(紹宗) 원지(圓智) 선사

원지 선사는 고소(姑蘇) 사람으로 성품이 순박하고 활달하였으며 범속한 무리에 섞이지 않았다.

어려서 고향의 유수사(流水寺)에서 출가하여 구족계를 받고 장경(長慶)에게 입실하여 비밀히 진요(眞要)를 깨달았다. 처음에는 건주(虔州)의 아산(丫山)에다 암자를 짓고 20년 동안 사니, 도덕의 명성이 널리 퍼졌다.

강남(江南)의 국주(國主) 이(李)씨가 절을 짓고 법륜을 굴리기를 청하자 현묘한 법을 배우는 무리가 모여들었다.

나중에 국주가 홍정(洪井) 지방을 순시하러 나왔다가 몸소 산에 들어와 뵙고 상당하기를 청한 뒤에, 승려로 하여금 나가서 이렇게 묻게 하였다.

廬山開先寺紹宗圓智禪師。姑蘇人也。稟性朴野不群流俗。少依本郡流水寺出家受具。入長慶之室密契眞要。初結庵於虔州丫山二十載。道聲遐布。江南國主李氏建寺請轉法輪。玄徒輻湊。暨國主巡幸洪井。躬入山瞻謁請上堂。令僧出問。

"어떤 것이 개선의 경계입니까?"

대사가 말하였다.

"가장 좋은 이 온통인 법의 세계가 청산의 빛을 부숴 버렸다."

"어떤 것이 경지 안의 사람입니까?"

"마른 나무를 주워다가 포수(布水)[21]의 물을 끓인다."

국주가 더욱 존중히 여겼다. 나중에 산사(山寺)에서 임종하니, 영탑(靈塔)이 아직도 남아 있다.

如何是開先境。師曰。最好是一條界破靑山色。僧曰。如何是境中人。師曰。拾枯柴煮布水。國主益加欽重。後終於山寺。靈塔存焉。

---

21) 포수(布水) : 폭포의 이름.

 토끼뿔

"어떤 것이 개선의 경계입니까?" 했을 때

대원은 "그대는 눈이 있어도 보지 못하고 귀가 있으나 듣지 못한 귀머거리구나." 하리라.
"험."

무주(婺州) 금린(金鱗) 보은원(報恩院) 보자(寶資) 효오(曉悟) 대사

효오 대사가 법상에 올라 대중이 오래 서 있으니, 대사가 말하였다.

"여러 형제들이 제각기 산문(山門)에 왔으나 주인의 입은 액자를 걸어놓은 것과 같으니, 서로 어긋났다고도 말라. 오래 있을 것 없다. 대중 속에 있던 형제들은 괴상히 여기지 말라. 참구하여 배운 안목을 갖춘 이라면 어찌 번거롭게 오래 서 있으랴. 제각기 방으로 돌아가라. 안녕."

대사가 방장의 근본을 열어 놓으니, 어떤 승려가 물었다.
"방장의 근본을 이미 이뤘으니 어떻게 소식을 통하리까?"
대사가 말하였다.

婺州金鱗報恩院寶資曉悟大師。上堂。大眾立久。師曰。諸兄弟各詣山門來。主人口如區擔相似。莫成相違負也。無久在眾。兄弟也未要怪訝著。若帶參學眼何煩久立。各自歸堂。珍重。師開方丈基。僧問。丈基已成如何通信。師曰。

"그러한 물음으로 형제들을 매(昧)하게 하지 말라."
"매하지 않는 일이 무엇입니까?"
"청천백일(靑天白日)이니라."

"학인은 초심자입니다. 스님께서 깨달음에 들도록 보여 주십시오."
대사가 손을 제껴 보이면서 말하였다.
"알겠는가?"
"잘 모르겠습니다."
"한 손바닥으로는 소리를 내지 못한다."

"어떤 것이 보은의 가풍입니까?"
"그대가 대중에 들어온 지 얼마 안되는 줄은 알았었다."

"옛사람이 망치를 들거나 불자를 세운 뜻이 무엇입니까?"

不可昧兄弟此問。僧曰。不昧底事作麼生。師曰。青天白日。問學人初心請師示箇入路。師遂側掌示之曰。還會麼。僧曰。不會。師曰。獨掌不浪鳴。問如何是報恩家風。師曰。也知闍梨入眾日淺。問古人拈搥竪拂意如何。

"보은은 혀를 다스릴 줄은 안다."
"어째서 그렇습니까?"
"거두고 나타내 무엇 하랴."

"어떤 것이 문수의 검입니까?"
"모른다."
"그 한 칼 아래 살아나는 사람은 누구입니까?"
"산승은 그저 하루 두 때의 죽과 밥을 먹을 뿐이다."

"어떤 것이 눈에 닿는 대로가 보리인 것입니까?"
"등 뒤에 무엇이 땅에 서 있는가?"
"학인은 잘 모르겠습니다. 스님께서 다시 보여 주십시오."
주장자를 들어 올리고 말하였다.
"그대가 모른다면 주장자를 얼마나 맞아야 되겠는가?"

師曰。報恩截舌有分。僧曰。為什麼如此。師曰。屈著作麼。問如何是文殊劍。師曰。不知。僧曰。只如一劍下活得底人作麼生。師曰。山僧只管二時齋粥。問如何是觸目菩提。師曰。背後是什麼立地。僧曰。學人不會乞師再示。師提拄杖曰。汝不會合喫多少拄杖。

"어떤 것이 큰 부끄러움을 갖춘 사람입니까?"
"입을 열었다 하면 취한 것이요, 다물었다 하면 얻지 못한 것이다."
"그 사람의 행리(行履)는 어떠합니까?"
"차를 만나면 차를 마시고, 밥을 만나면 밥을 먹는다."

"어떤 것이 금강의 한 화살입니까?"
"무엇이라 했는가?"
그 승려가 다시 물으니, 대사가 말하였다.
"신라국(新羅國)을 지나갔느니라."

"물결이 솟구치듯 의론이 들끓어도 일으키는 대로 반드시 전체가 참되다고 한 옛사람의 뜻은 무엇입니까?"
대사가 꾸짖으니, 승려가 말하였다.

問如何是具大慚愧底人。師曰。開口取合不得。僧曰。此人行履如何。師曰。逢茶即茶遇飯即飯。問如何是金剛一隻箭。師曰。道什麼。其僧再問。師曰。過新羅國去也。問波騰鼎沸起必全真。未審古人意如何。師乃叱之。僧曰。

"그러면 차례를 따르는 것이 아니겠습니다."
"그대는 말에 떨어졌다."
또 말하였다.
"나도 역시 말에 떨어졌으니 그대는 어찌하겠는가?"
승려는 말이 없었다.

승려가 물었다.
"상과 벌을 떠나서 어떤 것이 취모검(吹毛劍)입니까?"
대사가 말하였다.
"연평(延平)은 검주(劍州)와 붙었다."
"그러면 곧 목숨을 잃겠습니다."
"전당강(錢塘江)의 조수이니라."

恁麼即非次也。師曰。你話墮也。又曰。我話亦墮汝作麼生。僧無對。問去却賞罰如何是吹毛劍。師曰。延平屬劍州。僧曰。恁麼即喪身失命去也。師曰。錢塘江裏潮。

 토끼뿔

"나도 역시 말에 떨어졌으니 그대는 어찌하겠는가?" 했을 때

대원은 "내 손에 주장자가 없기에 다행이다." 하리라.

항주(杭州) 경심사(傾心寺) 법도(法瑫) 종일(宗一) 선사

종일 선사가 법상에 올라 말하였다.
"대중들이여, 한 구절의 말도 기다리지 않고 바로 집에 돌아갔다 하면 종풍(宗風)을 이을 수 있겠는가? 누가 이 물음에 대답하겠는가? 누군가가 대답할 수 있다면 이 속에 여러 사람을 비웃을 수 있을 것이요, 대답하지 못한다면 여러 사람이 이 속에서 비웃어 줄 것이다. 안녕."
어떤 이가 물었다.
"어떻게 진실의 맥을 짚어야 헛됨을 면할 수 있겠습니까?"
대사가 말하였다.
"그대의 물음이 바르다면 여러 사람 모두의 거울일 것이다."
"이렇게 온 이들이 모두 장부가 아니라면, 이렇게 오지 않았다면 도리어 종풍을 이을 수 있겠습니까?"

杭州傾心寺法瑫宗一禪師。上堂云。大眾不待一句語便歸堂去。還有紹繼宗風分也無。還有人酬得此問麼。若有人酬得去。也這裏與諸人為怪笑。若酬不得去。也諸人與這裏為怪笑。珍重。問如何搩實免得虛頭。師口。汝問若當眾人盡鑒。問恁麼來皆不丈夫。只如不恁麼來還有紹繼宗風分也無。

"두 번 나와서 온통인 물음을 이루는구나."
"어떤 이가 얻었다고 판단하십니까?"
"파사(波斯)가 아기를 기른다."

"불법의 갈 곳을 스님께서 온전히 보여 주십시오."
"그대가 온통인 물음을 온전히 하기만 하라."
"어째서 이 물음을 다시 하게 하십니까?"
"그대가 아까 무엇을 물었는가?"
"스님을 만나지 않았더라면 몇 번이나 쫓아 이루려 할 뻔하였습니다."
"도적이 떠난 뒤에 문을 닫는구나."

"특별히 전한 일구(一句)를 어떻게 분부하시겠습니까?"
"애석하게도 물음을 허락해야겠구나."
"그러면 특별히 대답할 것도 없겠습니다."

師曰。出兩頭致一問來。僧曰。什麼人辨得。師曰。波斯養兒。問佛法去處乞師全示。師曰。汝但全致一問來。僧曰。為什麼却拈此問去。師曰。汝適來問什麼。僧曰。若不遇於師幾成走作。師曰。賊去後關門。問別傳一句如何分付。師曰。可惜許問。僧曰。恁麼即別酬亦不當去也。

"그것도 부질없는 말이다."

"어떤 것이 천자를 뵙지도 않고 왕후도 부러워하지 않는 사람입니까?"
"매일 세 바늘씩 꿰매어 여러 해가 지나니 누더기 하나가 되었다."
"이 사람은 종풍을 계승하겠습니까?"
"까치는 머리 위에 와서 지저귀고, 구름은 눈앞을 향해 날아간다."

"듣건대 옛사람이 번뇌를 끊을 것도 없다 하니, 이 뜻은 무엇입니까?"
"그것도 남의 업을 발동시키는 것이다."
"어찌하여야 업을 발동시키지 않겠습니까?"
"그대가 말에 떨어졌다."

師曰。也是閑辭。問如何是不朝天子不羨王侯底人。師曰。每日三條線長年一衲衣。僧曰。未審此人還紹宗風也無。師曰。鵲來頭上語雲向眼前飛。問承古人有言。不斷煩惱此意如何。師曰。又是發人業。僧曰。如何得不發業。師曰。你話墮也。

"상주고 벌주는 일은 그만두고, 어떤 것이 취모검입니까?"
"법답게 세 차례 절해라."

대사는 나중에 용책사(龍冊寺)에 살다가 입적하였다.

問請去賞罰如何是吹毛劍。師曰。如法禮三拜。師後住龍冊寺歸寂。

 토끼뿔

∽ "대중들이여, 한 구절의 말도 기다리지 않고 바로 집에 돌아갔다 하면 종풍(宗風)을 이을 수 있겠는가? 누가 이 물음에 대답하겠는가? 누군가가 대답할 수 있다면 이 속에 여러 사람을 비웃을 수 있을 것이요, 대답하지 못한다면 여러 사람이 이 속에서 비웃어 줄 것이다. 안녕." 했을 때

대원은 "입도 딸싹 않은 유마의 웃음과 대원의 웃음이 있다는 것을 법도 종일께서는 알아야 한다." 하리라.

∽ "특별히 전한 일구(一句)를 어떻게 분부하시겠습니까?" 했을 때

대원은 "보태지도 빼지도 말라." 하리라.

복주(福州) 수륙원(水陸院) 홍엄(洪儼) 선사

홍엄 선사가 상당한 뒤에 대중이 모이니, 대사가 자리에서 내려와 향로를 받들고 대중의 앞을 빙빙 돌면서 말하기를 "시방의 모든 부처님께 공양합니다." 하고는 방장으로 돌아갔다.

어떤 승려가 물었다.
"백비(百非)와 사구(四句)를 여의고 스님께서 힘차게 제창해 주십시오."
대사가 말하였다.
"어느 곳에 떨어져 있는가?"
"그러시면 인간과 하늘이 믿을 곳이 있겠습니다."
"더러운 물을 남에게 경박하게 뿌리기를 좋아하지 말라."

福州水陸院洪儼禪師。上堂大眾集定。師下座捧香鑪巡行大眾前曰。供養十方諸佛便歸方丈。僧問。離却百非兼四句。請師盡力為提綱。師曰。落在什麼處。僧曰。恁麼即人天有賴也。師曰。莫將惡水澆潑人好。

 토끼뿔

홍엄 선사가 상당한 뒤에 대중이 모이니, 대사가 자리에서 내려와 향로를 받들고 대중의 앞을 빙빙 돌면서 말하기를 "시방의 모든 부처님께 공양합니다." 하고는 방장으로 돌아갔는데

이때 대원이었다면 "그렇게 번거로울 것까지 있습니까? 내 공양 어떠했습니까?" 했을 것이다.

항주(杭州) 영은산(靈隱山) 광엄원(廣嚴院) 함택(咸澤) 선사

함택 선사가 처음에 보복(保福) 종전(從展) 화상을 뵈니, 보복이 물었다.
"그대 이름이 무엇인가?"
대사가 말하였다.
"함택(咸澤)입니다."
"홀연히 말라 죽은 이를 만나면 어찌하겠는가?"
"누가 말라 죽은 이입니까?"
"내가 그렇다."
"화상은 사람을 속이기를 즐기지 마십시오."
"그대가 도리어 나를 속이는구나."

대사가 나중에 장경의 인가를 받고서 광엄도량(廣嚴道場)에 사는데, 어떤 승려가 물었다.

杭州靈隱山廣嚴院咸澤禪師。初參保福展和尚。保福問曰。汝名什麼。師曰。咸澤。保福曰。忽遇枯涸者如何。師曰。誰是枯涸者。保福曰。我是。師曰。和尚莫謾人好。保福曰。却是汝謾我。師後承長慶印記。住廣嚴道場。僧問。

"어떤 것이 빤히 보면서 서로 드러난 일입니까?"
대사가 선상에서 내려와서 말하였다.
"존체(尊體) 만복하십니까?"

"만 가지 법과 짝이 되지 않는 이가 누구입니까?"
"성 안의 청사루(靑史樓)요, 구름 위의 고봉탑(高峯塔)이니라."

"어떤 것이 불법의 대의입니까?"
"깊은 개울에 물은 맑고, 높은 봉우리에는 달이 밝다."

"어떤 것이 광엄의 가풍입니까?"
"한 무더기의 백운과 세 칸의 초막이니라."
"끝내 어떠합니까?"
"유나(維那)도 없는데 전좌(典座)²²⁾까지도 없다."

如何是覰面相呈事。師下禪牀曰。尊體起居萬福。問不與萬法為侶者是什麼人。師曰。城中靑史樓雲外高峯塔。問如何是佛法大意。師曰。幽澗泉淸高峯月白。問如何是廣嚴家風。師曰。一塢白雲三間茆屋。僧曰。畢竟作麼生。師曰。旣無維那兼無典座。

---

22) 전좌(典座) : 절에서 대중의 침구와 식사 등을 맡은 사람.

항주(杭州) 영은산(靈隱山) 광엄원(廣嚴院) 함택(咸澤)선사 163

"어떤 것이 광엄의 가풍입니까?"

"사자석(獅子石) 앞에 신령스런 물소리고, 계룡산 위에 흰원숭이 울음이다."

問如何是廣嚴家風。師曰。獅子石前靈水響。雞龍山上白猿啼。

 토끼뿔

"만 가지 법과 짝이 되지 않는 이가 누구입니까?" 했을 때

대원은 "개 소리 닭 소리에도 분명했다." 하리라.

복주(福州) 보자원(報慈院) 혜랑(慧朗) 선사

혜랑 선사가 법상에 올라 말하였다.

"위로부터의 모든 성인들이 일대사(一大事)의 인연을 위해 세상에 나셔서 서로 일러 주셨는데, 그대들은 알겠는가? 만일 모른다면 썩 쉬운 일은 아니다."

승려가 물었다.

"어떤 것이 일대사입니까?"

대사가 말하였다.

"보자가 일러 준다 하면 어긋나는 것이 아니겠는가?"

"그러면 학인은 의심하지 않겠습니다."

"티 하나가 눈에 낀 것이야 어찌하겠는가?"

福州報慈院慧朗禪師。上堂曰。從上諸聖爲一大事因緣故出現於世。遞相告報。是汝諸人還會麼。若不會大不容易。僧問。如何是一大事。師曰。莫錯相告報麼。僧曰。恁麼卽學人不疑也。師曰。爭奈一翳在目何。

"삼세의 부처님 모두가 사람의 말로써 전하셨는데, 어떤 사람에게 말로써 전하셨습니까?"
"들었는가?"
"무슨 말을요?"
"그대는 종자기(鍾子期)가 못된다."

"어떤 것이 학인의 안목입니까?"
"다시 모래를 뿌리지 말라."

問三世諸佛盡是傳語人。未審傳什麼人語。師曰聽。僧曰。未審是什麼語。師曰。你不是鍾期。問如何是學人眼。師曰。不可更撒沙。

 토끼뿔

"그러면 학인은 의심하지 않겠습니다." 했을 때

대원은 "또 한 겹 구름의 가리움이구나." 하리라.

복주(福州) 이산(怡山) 장경(長慶) 상혜(常慧) 선사

상혜 선사에게 어떤 승려가 물었다.
"왕후(王侯)의 모든 명령으로 이산(怡山)의 법을 이었는데 입을 뗄 수 없는 말을 청하니, 스님께서 그르치지 마십시오."
대사가 말하였다.
"득(得)."
"그러면 곧 거룩하신 자비에 크게 깨달았습니다."
"잘 하라. 그리고 남을 둔하게 만들지는 말라."

"종풍(宗風)을 범하지 말고, 물건의 의(議)를 상하지도 말고, 스님께서 있는 그대로 말씀해 주십시오."
"오늘 어찌 법당을 안 열었다고 하는가?"

福州怡山長慶常慧禪師。僧問。王侯請命法嗣怡山鎖口之言請師不謬。師曰。得。僧曰。恁麼即深領尊慈。師曰。好與莫鈍置人。問不犯宗風不傷物議請師滿口道。師曰。今日豈不是開堂。

"위풍을 이은 설봉이 깨달았다는 것마저 초월한 법인(法印)을 전하니, 저 물건에 어기지도 않고 사람을 저버리지도 않으며 당처에 있는 것이라고도 않음이라면, 지금 무엇이라 이르시겠습니까?"
"어기고 등졌다면 이르겠다."
"그러면 여쭌 말씀에 잘 맞으니, 깊고 얕음을 이미 분명히 했습니다."
"반드시 좋고 나쁨마저도 알아야 한다."

問焰續雪峯印傳超覺。不違於物不負於人。不在當頭即今何道。師曰。違負即道。僧曰。恁麼即善副來言淺深已辨。師曰。也須識好惡。

 토끼뿔

"종풍(宗風)을 범하지 말고, 물건의 의(議)를 상하지도 말고, 스님께서 있는 그대로 말씀해 주십시오." 했을 때

대원은 "종풍에는 그런 말이 없고, 물(物)이란 이름뿐이니라." 하고, 할을 했을 것이다.

복주(福州) 석불원(石佛院) 정(靜) 선사

정(靜) 선사가 법상에 올라 말하였다.

"아는 사이에 서로 드러냈다 하여도 역시 분을 바르는 짓이요, 설사 칠하는 허물을 여읜다 하여도 저버리는 허물은 남는다. 여러 사람들은 어떻게 근본을 알겠는가?"

승려가 물었다.

"학인이 화상의 본래 스승을 뵙고자 할 때에는 어찌합니까?"

대사가 말하였다.

"동네에 퍼진 말이 있으니 몸소 체험하라."

"그러한 즉 보아서 얻는 것이 아니겠습니다."

"빛나는 나그네 길은 먼 하늘과 같고, 후문(侯門)[23]의 깊기가 바다 같구나."

福州石佛院靜禪師。上堂曰。若道素面相呈猶添脂粉。縱離添過猶有負怨僭。諸人且作麼生體悉。僧問。學人欲見和尚本來師時如何。師曰。洞上有言親體取。僧曰。恁麼即不得見去也。師曰。灼然客路如天遠侯門似海深。

---

23) 후문(侯門) : 제후의 문.

 토끼뿔

"학인이 화상의 본래 스승을 뵙고자 할 때에는 어찌합니까?" 했을 때

대원은 "이제서야 보거나, 이제서야 보이는 것이 아니다." 하리라.

처주(處州) 취봉(翠峯) 종흔(從欣) 선사

종흔 선사가 법상에 올라 말하였다.
"다시는 자리를 펴지 말라. 안녕."
그리고는 승려에게 물었다.
"알겠는가?"
승려가 말하였다.
"모르겠습니다."
대사가 말하였다.
"그대가 백장산에 이르렀다고 어찌 말하랴."

處州翠峯從欣禪師。上堂曰。更不展席。珍重。却問僧。還會麼。僧曰。不會。師曰。將謂闍梨到百丈。

 토끼뿔

"알겠는가?" 했을 때

대원은 "용두사미로군." 하리라.

복주(福州) 침봉(枕峯) 관음원(觀音院) 청환(淸換) 선사

청환 선사가 법상에 올라 말하였다.

"여러 선덕(禪德)들이 만일 선을 논하고 도를 이야기하며 종풍을 들어 제창한다 해도 다만 각자의 분상일 뿐이다. 털끝 속에 한량없는 모든 부처님께서 큰 법수레를 굴리시고, 한 티끌 속에 보왕(寶王)의 국토를 나타내어 부처님과 중생과 산하대지가 온통 때에 설하고 있어 잠시도 끊이지 않으니, 비사문(毗沙門) 천왕같이 처음부터 끝까지 밖에서 보배를 구할 것이 없다.

이미 각각 이와 같은 가풍이 있거늘 무엇이 부족한가? 다시 다른 사람의 처분을 받지 말라."

승려가 물었다.

"어떤 것이 법계의 성품입니까?"

福州枕峯觀音院淸換禪師。上堂曰。諸禪德若要論禪說道舉唱宗風。只如當人分上。以一毛端裏。有無量諸佛轉大法輪。於一塵中現寶王刹。佛說眾生說山河大地一時說。未嘗間斷。如毗沙門王始終未求外寶。既各有如是家風。阿誰欠少。不可更就別人取處分也。僧問。如何是法界性。

대사가 말하였다.

"그대의 몸 안에 만상(萬象)이 있느니라."

"어떻게 체득하리까?"

"골짜기에서 소리를 찾으려는 것이니 다시 근본과 끝을 구하지 말라."

師曰。汝身中有萬象。僧曰。如何體得。師曰。不可谷裏尋聲更求本末。

 토끼뿔

"어떻게 체득하리까?" 했을 때

대원은 "천지연 물은 마른 적이 없다." 하리라.

복주(福州) 동선(東禪) 계눌(契訥) 선사

계눌 선사가 법상에 올라 말하였다.
"일찍이 잠시도 잃은 적 없어서 전체가 드러났다. 이렇게 말한다 해도 역시 본분 밖의 일이다. 이미 이렇게 말할 수 없다면 그대들에게 무엇이라 해야 할까? 말할 곳이 없다고도 못하니 수용하지 못한다 하겠는가? 잘못 알고서 좋아하지 말라."
승려가 물었다.
"어떤 것이 현전의 삼매입니까?"
대사가 말하였다.
"무엇 하러 다시 말하기를 기다리랴."

"자기의 일을 밝히지 못했으니 스님께서 가리켜 보여 주십시오."
"왜 감사의 인사를 하지 않는가?"

福州東禪契訥禪師。上堂曰。未曾暫失全體現前。恁麼道亦是分外。既恁麼道不得向兄弟前。合作麼生道。莫無道處不受道麼。莫錯會好。僧問。如何是現前三昧。師曰。何必更待道。問己事未明乞師指示。師曰。何不禮謝。

"어떤 것이 동선의 가풍 입니까?"
"한 사람이 헛되이 전하면 만 사람은 실제인양 전한다."

問如何是東禪家風。師曰。一人傳虛萬人傳實。

 토끼뿔

"어떤 것이 동선의 가풍입니까?" 했을 때

대원은 "가풍 아닌 것을 말해 봐라." 하리라.

복주(福州) 장경원(長慶院) 홍변(弘辯) 묘과(妙果) 대사

묘과 대사가 어느 날 법상에 올라 법상 옆에 서서 말하였다.
"대중은 각각 방으로 돌아갈 수 있는가? 알겠는가? 만일 알지 못한다면 산승은 그대들을 속일 수밖에 없다."
그리고는 법상에 올랐다.

어떤 승려가 물었다.
"바다 같은 무리가 구름같이 모였으니, 스님께서 방편문을 열어 진실상(眞實相)을 보여 주십시오."
대사가 말하였다.
"이것이 방편문이니라."
"그러면 대중이 귀를 기울이고 듣겠습니다."
"공연히 귀나 기울여서 무엇 하리오."

福州長慶院弘辯妙果大師。一日上堂。於座側立云。大眾各歸堂得也未。還會得麼。若也未會得。山僧謾諸人去也。遂乃陞座。僧問。海眾雲臻請師開方便門示真實相。師曰。這箇是方便門。僧曰。恁麼即大眾側聆去也。師曰。空側聆作麼。

"깨달음마저 초월한 묘과(妙果)의 위풍의 등불을 전한다는데, 어묵동정(語默動靜)을 떠나서 어떻게 보여 줍니까?"
대사가 말하였다.
"괴이하게 여기는가?"

問超覺後焰妙果傳燈去却語默動靜如何相示。師曰。還解怪得麽。

 토끼뿔

"깨달음마저 초월한 묘과(妙果)의 위풍의 등불을 전한다는데, 어묵동정(語默動靜)을 떠나서 어떻게 보여 줍니까?" 했을 때

대원은 "이렇느니라." 하리라.

복주(福州) 동선원(東禪院) 가륭(可隆) 요공(了空) 대사

요공 대사가 처음으로 개당하는 날에 어떤 승려가 물었다.
"멀리 구봉장실(九峯丈室)을 떠나 동선도량(東禪道場)에 와서 앉으시니, 인간과 하늘이 우러러봅니다. 바라건대 한 말씀 베풀어 설해 주십시오."
대사가 말하였다.
"요나라의 가풍은 천 년이고, 요공(了空)은 그대를 매(昧)하게 할 수 없다."
"그러시면 인간과 하늘이 믿을 곳이 있겠습니다."
"맞는 것 같으나 맞지 않다."

"어떤 것이 도입니까?"
"바로 이것이 도이니라."

福州東禪院可隆了空大師。初開堂有僧問。遠棄九峯丈室來坐東禪道場。人天瞻仰於尊顏。願賜一言而演說。師曰。堯風千載了空不昧於闍梨。曰恁麼即人天有賴。師曰。當不當。問如何是道。師曰。正是道。

"어떤 것이 도 안의 사람입니까?"
"분명히 그대에게 말했다."

대사가 법상에 올라 말하였다.
"요긴함을 살피기만을 좋아하면 지혜로운 이가 아니니, 메아리나 쫓는 무리라면 방에 가서 불을 쪼이는 것만 못하니라. 안녕."

"어떤 것이 보현의 제1구입니까?"
"벌써 제2구에 떨어졌다."

曰如何是道中人。師曰。分明向汝道。師上堂曰。大好省要自不仙陀若是聽響之流。不如歸堂向火。珍重。問如何是普賢第一句。師曰。落第二句也。

 토끼뿔

"그러시면 인간과 하늘이 믿을 곳이 있겠습니다." 했을 때

대원은 "귀는 있어도 귀머거리구나."하며 한 번 때렸을 것이다.

복주(福州) 선종원(僊宗院) 수빈(守玭) 선사

수빈 선사가 어느 날 법당에 오르지 않자 대중이 방장으로 들어와서 참문하니, 대사가 말하였다.

"오늘 저녁에 대중과 함께 빚을 얻어야 되겠다. 누가 빚을 주겠는가? 빚을 주겠다는 이가 없으면 먼저 말하는 사람이 빚을 진 것이다. 안녕."

어떤 승려가 물었다.

"하루 종일 항상 있는 사람이라면 인간과 하늘의 공양을 받을 만하겠습니까?"

대사가 말하였다.

"받지 못한다."

"어째서 받지 못합니까?"

"그대가 항상 있기 때문이다."

福州僊宗院守玭禪師。一日不上堂。大眾入方丈參。師曰。今夜與大眾同請假。未審還給假也無。若未聞給假即先言者負。珍重。僧問。十二時中常在底人。還消得人天供養也無。師曰。消不得。僧曰。為什麼消不得。師曰。為汝常在。

"항상 있지 않는 사람은 받을 수 있습니까?"
"당나귀 해(驢年)에나 되리라."

"주인도 객도 없는 말로 대답해 주십시오."
"주인도 객도 없는 자리에서 물어라."

僧曰。只如常不在底人還消得也無。師曰。驢年去。僧問。請師答無賓主話。師曰。向無賓主處問將來。

 토끼뿔

"항상 있지 않는 사람은 받을 수 있습니까?" 했을 때

대원은 "있는 것도 넘친다." 하리라.

무주(撫州) 영안원(永安院) 회열(懷烈) 정오(淨悟) 선사

정오 선사가 법상에 올라 대중이 모이니, 좌우를 두리번거리고서 말하였다.
"말 더듬는 병이니 어찌하랴."
그리고는 이내 방장으로 돌아갔다.

또 어느 날 법상에 올라 말없이 보이고 말하였다.
"바라는 데에서 가련하게 또 더럽혀지는구나."
또 말하였다.
"대중들이여, 바야흐로 힘써야 할 곳이니 쉽게 여기지 말라."

어떤 승려가 물었다.
"이산(怡山)에서 직접 들으신 한 구절을 스님께서 학인에게 말씀해 주십시오."

撫州永安院懷烈淨悟禪師。上堂眾集。師顧視左右曰。患審作麼。便歸方丈。又一日上堂良久曰。幸自可憐生。又被污却也。又曰。大眾正是著力處莫容易。僧問。怡山親聞一句請師爲學人道。

대사가 말하였다.

"훗날 다른 이에게 잘못 이야기하지 말라."

師曰。向後莫錯舉似人。

토끼뿔

"대중들이여, 바야흐로 힘 써야 할 곳이니 쉽게 여기지 말라."
했을 때

대원은 "옳기는 심히 옳으나 어쩌랴, 용머리에 뱀꼬리임을…."
하리라.

복주(福州) 민산(閩山) 영함(令含) 선사

영함 선사가 처음에 영복원(永福院)에 살았는데 법상에 올라 말하였다.

"은혜를 갚으면 은혜가 가득해지고, 원(願)을 바치면 원(願)이 원만해진다."

그리고는 바로 방장으로 돌아갔다.

어떤 승려가 물었다.

"이미 묘한 봉우리에 왔습니다. 누가 벗이 되어 주겠습니까?"

대사가 말하였다.

"이르렀다."

"누가 벗이 되겠습니까?"

"차나 마셔라."

福州閩山令含禪師。初住永福院。上堂曰。還恩恩滿賽願願圓。便歸方丈。僧問。既到妙峯頂誰爲人[24]伴侶。師曰。到。僧曰。什麼人爲伴侶。師曰。喫茶去。

---

24) 爲人이 송나라본에는 人爲로 되어 있다.

"분명하다는데 알지 못하겠으니 스님께서 가리켜 보여 주십시오."

"가리켜 보여 주기는 그만두고 어떤 것이 그대의 분명한 일인가?"

"학인이 잘 모르겠습니다. 스님께서 가리켜 보여 주시기 거듭 바랍니다."

"일곱 방망이를 열세 번 해야겠다."

問明明不會乞師指示。師曰。指示且置。作麼生是你明明底事。僧曰。學人不會再乞師指示。師曰。七棒十三。

토끼뿔

"이미 묘한 봉우리에 왔습니다. 누가 벗이 되어 주겠습니까?" 했을 때

대원은 "왔다면 묘한 봉우리가 아니다." 하리라.

신라(新羅) 구산(龜山) 화상

구산 화상이 "상국(相國)인 배휴(裵休)가 법회를 열고서 경 읽는 승려에게 묻기를 '무슨 경을 보시오?' 하니, 그 승려가 대답하기를 '『무언동자경(無言童子經)』이오.'라고 하였다. 배휴가 다시 묻기를 '몇 권이 있는가?' 하니, 승려가 말하기를 '두 권이오.'라고 하자, 배휴가 말하기를 '무언이라면서 어찌 두 권이 있다고 하는가?' 하니, 그 승려가 대답이 없었다."라는 말을 들어 대신 말하였다.
"만약 무언의 경지를 논한다면 두어 권이라고도 못한다."

新羅龜山和尙。有擧。相國裵公休啓建法會問看經僧。是什麽經。僧曰。無言童子經。公曰。有幾卷。僧曰。兩卷。公曰。旣是無言爲什麽却有兩卷。僧無對。師代曰。若論無言非唯兩卷。

 토끼뿔

"무언이라면서 어찌 두 권이 있다고 하는가?" 했을 때

대원은 "한 권은 구름에서 이렇고, 또 한 권은 만산의 단풍잎에서 이렇다." 하리라.

길주(吉州) 용수산(龍須山) 자국원(資國院) 도은(道殷) 선사

도은 선사에게 어떤 승려가 물었다.
"어떤 것이 조사께서 서쪽에서 오신 뜻입니까?"
대사가 말하였다.
"보통(普通) 8년에 양무제(梁武帝)의 오해를 받은 이래로 아직껏 풀지 못했다."

"천산, 만산에서 어느 것이 용수산입니까?"
"천산, 만산이니라."
"어떤 것이 산 속의 사람입니까?"
"마주 본다 해도 천 리이니라."

"유와 무에 떨어지지 않는 것을 스님께서 말씀해 주십시오."
"그대는 어떻게 물었는가?"

吉州龍須山資國院道殷禪師。僧問。如何是祖師西來意。師曰。普通八年遭梁怪。直至如今不得雪。問千山萬山如何是龍須山。師曰。千山萬山。僧曰。如何是山中人。師曰。對面千里。問不落有無請師道。師曰。汝作麼生問。

 토끼뿔

"유와 무에 떨어지지 않는 것을 스님께서 말씀해 주십시오." 했을 때

대원은 "닭과 오리는 물은 먹어도 오줌을 누지 않는다." 하리라.

복주(福州) 상광원(祥光院) 징정(澄靜) 선사

징정 선사에게 어떤 승려가 물었다.
"어떤 것이 도(道)입니까?"
대사가 말하였다.
"장안(長安)이 떠들썩하느니라."
"모든 것을 초월했다는 것마저 세우지 않는 경지의 일은 어떠합니까?"
"골짜기 소리는 만 가지 악기가 연주하는 것과 같고, 늙은 소나무에는 오색구름이 걸쳐졌다."

"어떤 것이 화상의 가풍입니까?"
"문하평장사(門下平章事)[25]는 궁궐 뒷문을 몇 번이나 지났던가?"

福州祥光院澄靜禪師。僧問。如何是道。師曰。長安鼎沸。僧曰。向上事如何。師曰。谷聲萬籟起松老五雲披。問如何是和尚家風。師曰。門下平章事宮闈較幾重。

---

25) 문하평장사(門下平章事) : 관직명.

 토끼뿔

"어떤 것이 도(道)입니까?" 했을 때

대원은 "도 아닌 것을 말해 봐라." 하리라.

양주(襄州) 취령(鷲嶺) 명원(明遠) 선사

명원 선사가 처음에 장경(長慶)에게 참문하니 장경이 물었다.
"그대의 이름이 무엇인가?"
대사가 말하였다.
"명원입니다."
"저쪽 일은 어떤가?"
대사가 두어 걸음 뒤로 물러서니, 장경이 말하였다.
"그대가 까닭 없이 두어 걸음 물러서서 무엇 하려는가?"
대사가 대답이 없으니, 장경이 대신 말하였다.
"물러서지 않았다면 어찌 명원인 줄 알겠는가?"
대사가 이 말에 종지를 깨달았다.

대사가 나중에 주지가 된 뒤에 어떤 승려가 물었다.

襄州鷲嶺明遠禪師。初參長慶。長慶問曰。汝名什麼。師曰。明遠。慶曰。那邊事作麼生。師曰。明遠退兩步。慶曰。汝無端退兩步作麼。師無語。長慶代云。若不退步爭知明遠。師乃喩旨。師住後僧問。

"한 법도 마땅히 앞에 없건만 응용하여 모자람이 없을 때에는 어떠합니까?"

대사가 손으로 불[火]을 번쩍 들어 세우니, 그 승려가 이로 인하여 깨달았다.

無一法當前應用無虧時如何。師以手卓火。其僧因爾有悟。

토끼뿔

"한 법도 마땅히 앞에 없건만 응용하여 모자람이 없을 때에는 어떠합니까?" 했을 때

대원은 "지금껏 그랬는데 어땠느냐?" 하리라.

항주(杭州) 보자원(報慈院) 종괴(從瓌) 선사

종괴 선사는 복주(福州) 사람으로 성은 진(陳)씨이다. 어려서 석제(石梯)에 의하여 출가하였다. 처음에는 월주(越州)의 칭심사(稱心寺)에 살다가 나중에 보자원(報慈院)의 주지가 되었다.

어떤 승려가 물었다.

"옛사람이 말하기를 '지금 사람은 옛 가르침을 보아도 마음속의 시끄러움을 면하지 못하니, 마음속의 시끄러움을 면하고자 하면 모름지기 옛 가르침을 보라.'고 하셨는데, 어떤 것이 옛 가르침입니까?"

대사가 말하였다.

"여시아문(如是我聞)이니라."

"어떤 것이 마음속의 시끄러움입니까?"

"저쪽의 참새 소리이다."

杭州報慈院從瓌禪師。福州人也。姓陳氏。少投石梯出家。初住越州稱心寺。後住茲院。僧問。古人有言。今人看古教未免心中鬧。欲免心中鬧。應須看古教。如何是古教。師曰。如是我聞。僧曰。如何是心中鬧。師曰。那畔雀兒聲。

대사는 개보(開寶) 6년 계유(癸酉) 6월 14일 진시(辰時)에 목욕을 하고 옷을 갈아입은 후 문인들에게 뒷일을 부촉하고는 오른쪽으로 누워서 입적하였다.

師開寶六年癸酉六月十四日辰時沐浴易衣。告門人付囑訖。右脇而逝。

 토끼 뿔

"옛사람이 말하기를 '지금 사람은 옛 가르침을 보아도 마음속의 시끄러움을 면하지 못하니, 마음속의 시끄러움을 면하고자 하면 모름지기 옛 가르침을 보라.'고 하셨는데, 어떤 것이 옛 가르침입니까?" 했을 때

대원은 "어떤 것이 일러 주지 않더냐?" 하고

"어떤 것이 마음속의 시끄러움입니까?" 했을 때

대원은 "묻는 네 마음이다." 하리라.

항주(杭州) 용화사(龍華寺) 계영(契盈) 광변(廣辯) 주지(周智) 대사

주지 대사는 본래 복주 황벽산에서 도업을 익히다가 장경에게 법을 깨달았다.
주지가 된 뒤에 어떤 승려가 물었다.
"어떤 것이 용화의 경지입니까?"
대사가 말하였다.
"바람이 푸른 대를 흔들고, 싸늘한 솔에 달이 걸렸다."
"어떤 것이 경지 안의 사람입니까?"
"당돌히 굴지 말라."
"어떤 것이 삼세 부처님들의 도량입니까?"
"따로 뵙고 예배하지 말라."

杭州龍華寺契盈廣辯周智大師。本福州黃檗山受業。於長慶領旨。住後僧問。如何是龍華境。師曰。翠竹搖風寒松鎖月。僧曰。如何是境中人。師曰。切莫唐突。問如何是三世諸佛道場。師曰。莫別瞻禮。

승려가 말하였다.
"그러면 예로부터 이제에 이르겠습니다."
대사가 말하였다.
"지금이 무슨 해인가?"

"어떤 것이 황벽산의 주인입니까?"
"그대가 찾아 주어서 고맙다."
"어떤 것이 황벽산의 경지입니까?"
"용은 폭포 물속에서 우짖고, 구름은 푸른 봉우리 위에서 인다."

僧曰。恁麼則亘古亘今。師曰。是什麼年中。問如何是黃檗山主。師曰。謝仁者相訪。問如何是黃檗境。師曰。龍吟瀑布水雲起翠微峯。

토끼뿔

"어떤 것이 삼세 부처님들의 도량입니까?" 했을 때

대원은 "하늘은 푸르고 땅은 검다." 하리라.

앞의 항주(杭州) 용책사(龍册寺) 도부(道怤) 선사의 법손

월주(越州) 청화산(淸化山) 사눌(師訥) 선사

사눌 선사에게 어떤 승려가 물었다.
"하루 종일 어떻게 마음을 써야 의혹이 없게 되겠습니까?"
대사가 말하였다.
"좋다."
"그러면 스님을 만났습니다."
"안녕."

前杭州龍册寺道怤禪師法嗣。越州淸化山師訥禪師。僧問。十二時中如何得不疑不惑去。師曰。好。僧曰。恁麼則得遇於師也。師曰。珍重。

어떤 승려가 와서 절을 하니, 대사가 말하였다.
"그대도 잘 물었고, 나도 잘 대답했다."
승려가 말하였다.
"그러면 대중이 오래 서 있어야 되겠습니다."
"대중을 왜 짓누르는가?"

"상과 벌을 떠나서 어떤 것이 취모검(吹毛劍)입니까?"
"전당강(錢塘江)에 떠 있는 좋은 나룻배니라."

"어떤 것이 서쪽에서 오신 뜻입니까?"
"매우 신선하구나."

有僧來禮拜。師曰。子亦善問吾亦善答。僧曰。恁麽則大眾久立。師曰。抑逼大眾作什麽。問去却賞罰如何是吹毛劍。師曰。錢塘江裏好渡船。問如何是西來意。師曰。可殺新鮮。

 토끼뿔

　승려가 묻기를 "하루 종일 어떻게 마음을 써야 의혹이 없게 되겠습니까?" 하니, 대사가 말하기를 "좋다." 하자, 승려가 말하기를 "그러면 스님을 만났습니다." 했는데

　대원이라면 세 대를 때리고 나서 "어떠한 뜻에서인가? 빨리 일러라, 빨리 일러." 했을 것이다.

구주(衢州) 남선(南禪) 우연(遇緣) 선사

철각이라 불리는 속인 선비가 말을 탔는데, 어떤 승려가 대사에게 물었다.
"철각(鐵脚)이라면서 왜 말을 탔을까요?"
대사가 말하였다.
"허리띠를 맨 것은 배가 아프기 때문이 아니요, 머리에 복건(幞巾)을 쓴 것은 머리가 추워서가 아니다."

어떤 속가의 관리가 물었다.
"화상은 이처럼 후생이신데, 어째서 존숙(尊宿)이라 불리우십니까?"
대사가 말하였다.
"천 년을 묵어도 정수리가 붉은 학이라 불리우고, 아침에 났더라도 봉황의 새끼이니라."

衢州南禪遇緣禪師。有俗士時謂之鐵脚。忽因騎馬。有僧問師。既是鐵脚爲什麼却騎馬。師曰。腰帶个因遮腹痛。幞頭豈是禦天寒。有俗官問。和尚恁後生爲什麼却爲尊宿。師云。千歲只言朱頂鶴。朝生便是鳳凰兒。

대사가 어느 때 이렇게 말하였다.
"이 일은 이토록 말하기 어렵구나."
어떤 승려가 나서서 물었다.
"스님께서 말씀해 주십시오."
"목주(睦州)의 개울이끼요, 금군(錦軍)의 돌버섯이다."

師有時云。此箇事得恁難道。有僧出曰。請師道。師曰。睦州溪苔錦軍石耳。

🐦 토끼뿔

"화상은 이처럼 후생이신데, 어째서 존숙(尊宿)이라 불리우십니까?" 했을 때

대원은 "신은 두 짝이지만 모자는 하나니라." 하리라.

복주(復州) 자복원(資福院) 지원(智遠) 선사

지원 선사는 복주(福州)의 연강(連江) 사람이다. 어릴 때 출가하여 협산(峽山)의 관음원(觀音院)에 가서 법선(法宣) 선사에 의하여 머리를 깎고, 구족계를 받은 뒤에 부지런히 시봉을 하면서 경전 외우기에 전념하였다.

어느 날 법선 선사가 말하였다.

"그대의 근기를 살피건대 큰일을 맡을만하거늘 이곳에만 머물러 있을 수 있겠는가?"

대사는 결국 그곳을 떠나 제방으로 다니다가 월주(越州)의 경청사(鏡淸寺)에 가서 순덕(順德) 대사에게 절하고 물었다.

"어떤 것이 부처님들의 몸이 나오신 곳입니까?"

순덕이 말하였다.

"대가라면 알아 마쳤을 것이다."

復州資福院智遠禪師。福州連江人也。童蒙出家。詣峽山觀音院法宣禪師落髮受具。給侍勤恪專於誦持。一日宣禪師謂曰。觀汝上根堪任大事。何不徧參而滯於此乎。師遂禮辭歷諸方。至越州鏡淸禮順德大師。因問曰。如何是諸佛出身處。順德曰。大家要知。

대사가 말하였다.
"여러 사람의 눈을 속이기는 어렵습니다."
순덕이 말하였다.
"이치로는 범도 잡을 수 있다."
대사가 이 말에 현묘한 이치를 깨달았다.

주(周)의 현덕(顯德) 3년 병진(丙辰)에 복주 자사가 관원들과 승려들과 도교인[緇黃]을 거느리고 와서 자복원에서 개당 설법을 해달라고 하였다.[26]
이때에 어떤 승려가 물었다.
"스님은 누구의 곡조를 부르시며, 누구의 종풍(宗風)을 이으셨습니까?"
대사가 말하였다.
"설령봉(雪嶺峯) 앞의 달이 경호(鏡湖)의 물결 속에 밝다."

師曰。斯則眾眼難謾。順德曰。理能縛豹。師因此發悟玄旨。周顯德三年丙辰復州刺史率僚吏及緇黃千眾。請師於資福院開堂說法(時謂東禪院)。僧問。師唱誰家曲宗風嗣阿誰。師曰。雪嶺峯前月鏡湖波裏明。

---

26) 당시 동선원이라고 불렀다. (원주)

"모든 부처님들이 세상에 나시면 하늘에서 네 가지 꽃을 뿌리고 땅이 여섯 가지로 진동하는데, 화상의 오늘에는 어떤 상서가 있습니까?"
"한 물건도 남[生]이 없이 전체가 드러났건만, 눈앞의 광채를 누가 알리오."

"어떤 것이 바로 보여 주는 한 구절입니까?"
"이 무엇인고?"
대사가 또 말하였다.
"알겠는가? 알았다면 지금 당장에 마쳤다고 하겠지만, 알지 못했다면 티끌과 모래 같이 많은 겁을 지내리라. 오직 여러 성현들의 본분에 의하면 옛 부처님의 마음 근원이 밝게 드러나서 하늘과 땅에 두루하고, 삼라만상이 자기의 가풍이며, 부처와 중생이 본래 차별이 없고, 열반과 생사가 환이어서 화(化)하여 된 것이니, 본 성품의 바탕은 참되고 항상하여 닦아 증득할 필요가 없느니라."

問諸佛出世天雨四華地搖六動。和尚今日有何禎祥。師曰。一物不生全體露。目前光彩阿誰知。問如何是直示一句。師曰。是什麼。師又曰。還會麼。會去即今便了。不會塵沙算劫。只據諸賢分上。古佛心源明露現前。帀天徧地森羅萬象自己家風。佛與眾生本無差別。涅槃生死幻化所為。性地真常不勞修證。

대사가 또 말하였다.

"이 일을 햇빛에 드러난 것처럼 알고자 하면, 한 치의 풀도 덮여 있지 않으니, 바로 알아서 취하여야 가장 힘을 더는 것이니라."

대사가 이와 같이 대중을 가르치기 22년을 지나 태평흥국(太平興國) 2년 정축(丁丑) 9월 16일에 종을 치고 대중을 하직하더니, 27일 진시(辰時)에 태연히 앉아서 열반에 들었다. 수명은 83세이고, 법랍은 63세였다.

師又曰。要知此事當陽顯露。並無寸草蓋覆。便承當取最省心力。師如是爲眾涉於二十二載。太平興國二年丁丑九月十六日聲鍾辭眾。至二十七日辰時恬然坐化。壽八十三。臘六十三。

 토끼뿔

㊂ "어떤 것이 부처님들의 몸이 나오신 곳입니까?" 했을 때

대원은 할을 했을 것이다.

㊂ "모든 부처님들이 세상에 나시면 하늘에서 네 가지 꽃을 뿌리고 땅이 여섯 가지로 진동하는데, 화상의 오늘에는 어떤 상서가 있습니까?" 했을 때

대원은 "누구에게라도 보여줄 것에서 보태지도 빼지도 말라." 하리라.

㊂ "어떤 것이 바로 보여 주는 한 구절입니까?" 했을 때

대원은 "이대로다." 하리라.

앞의 장주(漳州) 보은원(報恩院) 회악(懷岳) 선사의 법손

담주(潭州) 묘제원(妙濟院) 사호(師浩) 전심(傳心) 대사

전심 대사는 일찍이 침주(郴州)의 향산(香山)에 살았다.
어떤 승려가 물었다.
"망설이면 둘째요, 망설이지 않으면 셋째라 하니, 어떤 것이 첫째입니까?"
대사가 말하였다.
"거두어라."

前漳州報恩院懷岳禪師法嗣。潭州妙濟院師浩傳心大師。曾住郴州香山。僧問。擬即第二頭不擬即第三首。如何是第一頭。師曰收。

어떤 승려가 물었다.
"옛사람이 팔을 끊은 것은 무엇을 위한 것입니까?"
대사가 말하였다.
"내가 어찌 팔을 끊겠는가?"

"어떤 것이 학인의 안목입니까?"
"반드시 내 마음씨가 곱다는 걸 알아야 한다."

"어떤 것이 향산의 검입니까?"
"뛰어나다."
"드러난 것입니까?"
"보는 것을 용납하지 않는다."

"어떤 것이 송문(松門)의 제일구입니까?"
"절대로 잘못 이야기해서는 안 된다."

僧問。古人斷臂當為何事。師曰。我寧可斷臂。問如何是學人眼。師曰。須知我好心。問如何是香山劍。師曰。異。僧曰。還露也無。師曰。不忍見。問如何是松門第一句。師曰。切不得錯舉。

"어떤 것이 묘제의 가풍입니까?"
"좌우에 사람들이 너무 많다."

"어떤 것이 불법의 대의입니까?"
"두 입에 한 혀도 없느니라."

"어떤 것이 향산의 온통인 길입니까?"
"도도한 바탕이니라."
"이른 이는 어떠합니까?"
"그대의 평생을 쉬게 한다."

"어떤 것이 세존의 비밀한 말씀입니까?"
"아난도 또한 알았다고는 못했다."
"어째서 알았다고는 못했습니까?"
"선타바가 아닌 이가 없느니라."

問如何是妙濟家風。師曰。左右人太多。問如何是佛法大意。師曰。兩口無一舌。問如何是香山一路。師曰。滔滔地。僧曰。到者如何。師曰。息汝平生。問如何是世尊密語。師曰。阿難亦不知。僧曰。為什麼不知。師曰。莫非仙陀。

"어떤 것이 향산의 보배입니까?"
"눈 푸른 호인[27]도 감정하기 어려우니라."
"드러난 자는 어떠합니까?"
"용왕이 부축해도 일으킬 수 없다."

어떤 승려가 와서 성승(聖僧)의 조각상을 범이 물어갔다는 소식을 전하고 이어 물었다.
"이미 성승이면서 왜 범에게 물려갔습니까?"
"천하 사람을 무척 의심하게 한다."

"어떤 것이 부끄러움 없는 사람입니까?"
"그대는 응당 몽둥이를 맞아야겠구나."

問如何是香山寶。師曰。碧眼胡人不敢定。僧曰。露者如何。師曰。龍王捧不起。因僧舉。聖僧塑像被虎咬乃問師。既是聖僧爲什麼被大蟲咬。師曰。疑殺天下人。問如何是無慚愧底人。師曰。闍梨合喫棒。

---

27) 달마 대사를 일컫는다.

 토끼뿔

∽ "망설이면 둘째요, 망설이지 않으면 셋째라 하니, 어떤 것이 첫째입니까?" 했을 때

대원은 "거위는 커도 알로 낳고, 쥐는 작아도 새끼로 낳는다." 하리라.

∽ "옛사람이 팔을 끊은 것은 무엇을 위한 것입니까?" 했을 때

대원은 "바로 그것이다." 하리라.

∽ "어떤 것이 세존의 비밀한 말씀입니까?" 했을 때

대원은 "49년 설한 것이다." 하리라.

앞의 복주(福州) 고산(鼓山) 신안(神晏) 국사의 법손

항주(杭州) 천축산(天竺山) 자의(子儀) 심인(心印)
수월(水月) 대사

수월 대사는 온주(溫州) 낙청현(樂淸縣) 사람으로 성은 진(陳)씨이다. 처음에 제방으로 다니다가 고산(鼓山)을 뵙고 물었다.
"자의(子儀)가 삼천 리 밖에서 멀리 법석을 찾아와서 오늘 때 아닌 때에 올라왔으니, 스님께서 때 아닌 대답을 해주시기 바랍니다."

前福州鼓山神晏國師法嗣。杭州天竺山子儀心印水月大師。溫州樂淸縣人也。姓陳氏。初遊方謁鼓山。因問曰。子儀三千里外遠投法席。今日非時上來乞師非時答話。

고산이 말하였다.

"그대를 미련하게 내버려 둘 수는 없다."

대사가 말하였다.

"힘 더는 곳이라면 어떻습니까?"

"그대는 왜 헛된 힘을 들이려 하는가?"

대사가 이로부터 법을 깨닫고 바로 절중(浙中)으로 갔다. 이에 전충의왕(錢忠懿王)이 그의 명성을 듣고 나한원(羅漢院)과 광복원(光福院)의 두 도량에서 법을 펴게 하니, 대중이 몰려들었다.

대사가 법상에 올라 말하였다.

"대중들이여, 너무 오래 서 있었구나. 무엇을 기다리는가? 들추어내기는 어렵지 않으나, 도리어 선덕들을 그르쳐서 돌아갈 길을 더욱 미혹시킬까 걱정이다. 날씨가 차다. 안녕."

어떤 승려가 물었다.

"어떤 것이 위로부터 전해오는 일입니까?"

鼓山曰。不可鈍置仁者。師曰。省力處如何。鼓山曰。汝何費力。師自此承言領旨。便往浙中。錢忠懿王聆其道譽。命開法於羅漢光福二道場。海眾臻湊。師上堂示眾曰。久立大眾。更待什麼不辭展拓。却恐誤於禪德。轉迷歸路時寒珍重。僧問。如何是從上來事。

대사가 말하였다.

"멈춰라."

"어떻게 해야 이르겠습니까?"

"아깝게도 용두사미가 되었구나."

어떤 승려가 절을 하고 일어나서 질문을 시작하려는데, 대사가 말하였다.

"그만두는 것이 어떻겠는가?"

그래도 그 승려가 물었다.

"홍공(興工)의 자식과도 서로 친해질 수 있습니까?"

"바둑이 끝나기만을 기다리다가 도낏자루 썩는 줄은 몰랐다."

"어떤 것이 유마의 침묵입니까?"

"비방하는구나."

"문수는 어째서 칭찬하였습니까?"

"같은 죄목으로 귀양을 보내리라."

師曰。住。僧曰。如何薦。師曰。可惜龍頭翻成蛇尾。有僧禮拜起將問話。師曰。如何且置。其僧乃問。只如興工之子。還有相親分也無。師曰。只待局終不知柯爛。問如何是維摩默。師曰。謗。僧曰。文殊因何讚。師曰。同案領過。

"유마는 어떻습니까?"
"머리에는 석 자 수건이요, 손에는 한 개의 불자이니라."

"어떤 것이 모든 부처님들의 출신처입니까?"
"큰 바닷속이 온통 별들의 빛이니라."
"학인은 잘 모르겠습니다."
"고기와 용을 몽땅 다 태운다."

"단하(丹霞)가 나무 불상을 태운 뜻이 무엇입니까?"
"추워서 이글거리는 화롯불을 쪼이고 싶었다."
"허물이 있겠습니까?"
"더울 때는 대밭 곁의 개울가에 앉고 싶느니라."
"어떤 것이 법계의 근본 뜻입니까?"
"9월 9일이면 절강(浙江)에 조수가 드느니라."

僧曰。維摩又如何。師曰。頭上三尺巾手裏一枝拂。問如何是諸佛出身處。師曰。大洋海裏一星火。僧曰。學人不會。師曰。燒盡魚龍。問丹霞燒木佛意旨如何。師曰。寒即圍鑪向猛火。僧曰。還有過也無。師曰。熱則竹林溪畔坐。問如何是法界義宗。師曰。九月九日浙江潮。

"남은 모든 것은 묻지 않겠으나, 어떤 것이 광복의 문하에서 비로자나를 초월하고 석가를 뛰어넘은 사람입니까?"
"남은 모든 것을 몽땅 헌납하라."
"그러면 평생 다행스럽겠습니다."
"다행스러울 일이 무엇인가?"
그 승려가 어리둥절하니, 대사가 할을 하였다.

대사가 하당(下堂)하려는데, 어떤 승려가 물었다.
"하당(下堂) 한 구절 들려 주십시오."
"신짝을 메고 벌써 서쪽 나라로 돌아갔는데, 이 산에서는 공연히 늙은 원숭이가 울고 있구나."

"고산(鼓山)에게는 북을 멈추게 하고 기를 빼앗는 설법이 있다는데, 스님은 어떠하십니까?"
"패한 장수는 죽이지 않는다."

問諸餘即不問。如何是光福門下超毘盧越釋迦底人。師曰。諸餘奉納。僧曰。恁麼即平生慶幸去也。師曰。慶幸事作麼生。其僧罔措。師喝之。師將下堂。僧問。下堂一句乞師分付。師曰。攜履已歸西國去。此山空有老猿啼。問鼓山有掣鼓奪旗之說師且如何。師曰。敗將不忍誅。

"혹시 훌륭한 장수를 만나면 어찌하시겠습니까?"
"그대의 외로운 영혼을 생각해서 그대에게 석 잔을 올린다."

"세존이 입멸하신 뒤에 어디로 돌아가셨습니까?"
"학림(鶴林)[28]은 공연히 빛만 변했으니, 참다운 돌아감은 돌아가는 곳이 없느니라."
"부처님께서는 필연코 어디로 가셨습니까?"
"붉은 열매는 거센 바람에 쓰러지고, 무성한 잎들은 맑은 가을에 떨어진다."
"스님께서는 장래에 어디로 돌아가시겠습니까?"
"그대가 지금 나의 돌아갈 곳을 알고자 한다면 동서남북에서 버드나무가 실을 이룬다 하리라."
"어떻게 수행하여야 도에 응하겠습니까?"

僧曰。或遇良將又如何。師曰。念子孤魂賜汝三奠。問世尊入滅當歸何所。師曰。鶴林空變色真歸無所歸。僧曰。夫子必定何之。師曰。朱實殞勁風繁英落素秋。僧曰。我師將來復歸何所。師曰。子今欲識吾歸處。東西南北柳成絲。問如何修行即得與道相應。

---

28) 학림(鶴林). 부처님께서 열반하신 사라쌍수의 숲. 부처님께서 입멸하실 때 이 숲이 모두 말라서 백색으로 변하였다고 한다.

"시를 읊을 때에는 발〔箔〕을 높이 걷고, 낮잠을 잔 뒤에는 차를 진하게 달여라."

대사가 고향으로 돌아와서 옹희(雍熙) 3년에 입적하니, 문인들이 사리를 거두어 탑을 세웠다.

師曰。高捲吟中箔濃煎睡後茶。師迴故里。雍熙三年示滅。門人闍維收舍利建塔。

토끼뿔

"세존이 입멸하신 뒤에 어디로 돌아가셨습니까?" 했을 때

　대원은 "시골마을 저녁 연기 희고, 서산의 노을빛은 붉다." 하리라.

건주(建州) 백운(白雲) 지작(智作) 진적(眞寂) 선사

진적 선사는 영정(永貞) 사람으로 성은 주(朱)씨이고, 용모가 서역의 승려와 같았다. 고산(鼓山) 국사에 의하여 머리를 깎고, 24세에 구족계를 받았다.

어느 날 고산이 법상에 올라 대중을 부르니, 대중이 모두가 눈망울을 굴렸다. 이에 고산이 옷자락을 풀어 보이니, 대중이 모두가 어리둥절하거늘 대사만이 그 뜻을 깨닫고 입실하여 인가를 받았다.

또 참문하는데 고산이 가까이 오라 해 놓고 물었다.

"남전이 원주를 부른 뜻이 무엇인가?"

대사가 손을 모으고 단정한 모습으로 뒤로 물러서니, 고산이 흔연히 기특하게 여겼다.

建州白雲智作真寂禪師。永貞人也。姓朱氏。容若梵僧。禮鼓山國師披剃。二十四具戒。一日鼓山上堂召大眾。眾皆回眸。鼓山披襟示之。眾罔措。唯師朗悟厥旨入室印證。又參次鼓山召令近前。問南泉喚院主意作麼生。師斂手端容退立而已。鼓山莞然奇之。

이로부터 오(吳)와 초(楚) 지방으로 다니다가 다시 민천(閩川)으로 돌아와서 처음에는 남봉(南峯)에 살았고, 다음은 건주(建州)의 백운원(白雲院)에 살았다.

대사가 법상에 올라 말하였다.
"누가 종승(宗乘) 가운데에서 한 가지 묻겠는가? 산승은 종승 가운데에서 대답하기를 기다리노라."
이때에 어떤 승려가 절을 하고 막 일어나자 대사는 곧 방장실로 돌아갔다.

승려가 물었다.
"어떤 것이 고목 속의 용울음입니까?"
대사가 말하였다.
"불 속에서 연꽃이 생겼다."
"어떤 것이 해골 속의 눈동자입니까?"
"진흙소가 물에 들었다."

自爾遊吳楚却復閩川。初住南峯次住建州白雲院。師上堂曰。還有人向宗乘中致得一問麽。待山僧向宗乘中答。時有僧禮拜纔起。帥使歸方丈。問如何是枯木裏龍吟。師曰。火裏蓮生。僧曰。如何是髑髏裏眼睛。師曰。泥牛入水。

"어떤 것이 주인 가운데의 주인입니까?"
"그대는 안목을 갖추었는가?"
"그러면 학인은 큰방으로 돌아가겠습니다."
"원숭이가 포대 속에 들었구나."

"어떤 것이 연평(延平)의 나룻터입니까?"
"만고의 긴 강이 유유히 흐른다."
"어떤 것이 연평의 검입니까?"
"빨리 물러서라."
"나룻터와 검이 같습니까, 다릅니까?"
"안타까운 사람이구나."

건우(乾祐) 2년 기유(己酉)에 강남국(江南國)의 왕인 이(李)씨가 봉선(奉先)으로 청하여 살게 하고, 자의(紫衣)와 호를 하사하였다.

問如何是主中主。師曰。汝還具眼麼。僧曰。恁麼則學人歸堂去也。師曰。獼猴入布袋。問如何是延平津。師曰。萬古水溶溶。僧曰。如何是延平劍。師曰。速須退步。僧曰。未審津與劍是同是異。師曰。可惜這漢。乾祐二年己酉江南國主李氏延居奉先。賜紫衣師名。

상당한 뒤에 대중이 귀를 기울이고 있으니 대사가 말하였다.

"서로 속이는 것이다. 알겠는가? 옛날 영산회상에 많은 대중이 있었지만 듣지 못하고 오직 가섭만이 친히 들었다고 했다. 오늘 외람되게 국왕의 은총을 받아 으뜸가는 가르침을 드날리게 되니, 영산회상과 다를 것이 없다. 이미 영산회상과 다를 것이 없다면 여러분은 어떻게 알아야 하겠는가? 옛날이니 지금이니에 구속을 받지 말고, 다만 서로 정신을 차려서 이것이 무엇인가를 체험해 보아라."

어떤 승려가 물었다.

"영산회상이 지금의 모임과 다르지 않다 하시니, 친히 듣는 일이 어떠합니까?"

대사가 말하였다.

"다시 이야기해 봐라."

"그러시면 인간과 하늘 무리가 믿을 곳이 있겠습니다."

"그대는 어떠한가?"

上堂陞座眾咸側聆。師曰。相謾去也還知得麼。可不聞昔日靈山多少士眾。只道迦葉親聞。今日叨奉恩命俾揚宗教。不可異於靈山也。既不異靈山。諸仁者作麼生相體悉。也莫泥他古今。但彼此著些精彩。大家驗看是什麼。僧問。靈山一會不異而今。未審親聞底事如何。師曰。更舉。曰恁麼即人天有賴。師曰。闍梨且作麼生。

"현명한 국왕이 청하여 법석을 크게 여시니, 조사께서 서쪽에서 오신 뜻을 어떻게 가리켜 보이시렵니까?"
"분명히 기억해 둬라."
"끝내 화상을 저버리지는 않겠습니다."
"있을지 모르겠다."

"어떤 것이 봉선의 경계입니까?"
"마음대로 살펴 봐라."
"어떤 것이 경계 속의 사람입니까?"
"무례하게 굴지 말라."

"어떤 것이 봉선의 가풍입니까?"
"지금 어디에 있는가?"
"그러시면 대중은 믿음이 있겠습니다."
"그대에게 무슨 관계가 되는 일인가?"

問賢王請命大展法筵。祖師西來如何指示。師曰。分明記取。曰終不敢孤負和尚。師曰。也未在。僧問如何是奉先境。師曰。一任觀看。僧曰。如何是境中人。師曰。莫無禮。問如何是奉先家風。師曰。即今在什麼處。僧曰。恁麼即大眾有賴也。師曰。關汝什麼事。

"어떤 것이 사람을 위하는 온통인 구절입니까?"
"봉선이 이르지 않았다고는 못하리라."

問如何是爲人一句。師曰。不是奉先道不得。

 토끼뿔

"영산회상이 지금의 모임과 다르지 않다 하시니, 친히 듣는 일이 어떻겠습니까?" 했을 때

대원은 주장자를 크게 내려치고, 좀 있다가 "험." 하리라.

고산(鼓山) 지엄(智嚴) 요각(了覺) 대사(제2세 주지)

요각 대사가 법상에 올라 말하였다.
"말이 많으면 더욱 말이 많아져서 서로 그르치게 된다. 안녕."
어떤 승려가 물었다.
"석문(石門)의 어구(語句)를 감히 묻지 못하겠거니와 스님의 방편을 청합니다."
대사가 말하였다.
"돌기둥에게 물어라."

"국왕이 세상에 나오면 국경이 조용해진다는데, 법왕이 세상에 나오시면 어떤 은덕이 있습니까?"
"알겠는가?"

鼓山智嚴了覺大師(第二世住)。師上堂曰。多言復多語。由來返相誤。珍重。僧問。石門之句即不敢問。請師方便。師曰。問取露柱。問國王出世三邊靜。法王出世有何恩。師曰。還會麼。

승려가 말하였다.

"다행히 밝은 조정을 만나서 문득 사뢰어 드렸습니다."

대사가 말하였다.

"토해 버려라."

"절을 하지 않았다면 위태롭게 구멍 없는 무쇠 망치가 될 뻔하였습니다."

"어찌하여 구멍 없는 무쇠 망치와 다르다 하는가?"

僧曰。幸遇明朝輒伸呈獻。師曰。吐却著。僧曰。若不禮拜幾成無孔鐵鎚。師曰。何異無孔鐵鎚。

토끼뿔

"다행히 밝은 조정을 만나서 문득 사뢰어 드렸습니다." 했을 때

대원은 "밝은 조정을 만났다면서 어찌 구구한 것인고?" 하리라.

복주(福州) 용산(龍山) 지숭(智嵩) 묘공(妙空) 대사

묘공 대사가 법상에 올라 말하였다.

"다행히 스스로 분명하거늘 이낱[29]에 조목을 만들어서 무엇 하겠는가? 이 속에 이르러서는 눈에 티를 이룬 것이요, 말만 더하는 것이어서 옥에 티를 이룬 것이 된다. 여여히 있어 많은 시간이 허락되지 않을 때에는 어떠하겠는가?"

어떤 승려가 물었다.

"옛 부처님이 교화하시던 법을 지금의 조사가 중흥하시니, 인간과 하늘이 선원 뜰에 몰려왔습니다. 지극한 이치를 열어 보여 주셔야겠습니다."

대사가 말하였다.

"대중을 저버린 적이 없다."

福州龍山智嵩妙空大師。師上堂曰。幸自分明。須作這箇節目作麼。到這裏便成節目。便成增語便成塵玷。未有如許多時作麼生。僧問。古佛化導今祖重興。人天輻湊於禪庭。至理若為於開示。師曰。亦不敢孤負大眾。

---

29) 이낱 : 선문(禪門)에서 자성(自性)을 가리키는 말.

"그렇다면 인간과 하늘이 은근히 청한 것도 잘못이 아니어서 범부의 마음을 당장에 부처의 마음이 되게 하셨겠습니다."

"그대는 어떠한가?"

승려가 뒤로 물러서서 절을 하고 대중의 위아래 좌석을 따라가니, 대사가 말하였다.

"나는 그대를 알았었다."

僧曰。恁麼即人天不謬慇懃請頓使凡心作佛心。師曰。仁者作麼生。僧退身。禮拜。隨眾上下。師曰。我識得汝也。

 토끼뿔

"옛 부처님이 교화하시던 법을 지금의 조사가 중흥하시니, 인간과 하늘이 선원 뜰에 몰려왔습니다. 지극한 이치를 보여 주셔야겠습니다." 했을 때

대원은 "지극한 이치는 촌각도 여읠 수 없는 것으로서 개개인인의 온통 드러난 일이다. 누가 보여 주는 것이거나 스스로라도 본 것이라면 지극한 이치가 아니다." 하리라.
"험."

천주(泉州) 봉황산(鳳凰山) 강(彊) 선사

강(彊) 선사에게 어떤 승려가 물었다.
"등불은 고산의 것을 전했고, 도덕은 온능 지방에서 으뜸이니, 석문(石門)에 걸터앉지 말라는 소식을 대사께서 통해 주십시오."
대사가 말하였다.
"오늘이 아니었더라면 가슴을 쥐어박아 내쫓았을 것이다."
승려가 말하였다.
"그러시면 오늘에는 사자후를 직접 들었다가, 다음 때에는 끝내 봉황이 되겠습니다."
대사가 말하였다.
"또 그 속에서 사람에게 흙탕물을 끼얹는구나."

泉州鳳凰山彊禪師。僧問。燈傳鼓嶠。道霸溫陵。不跨石門。請師通信。師曰。若不是今日攔胸撞出。僧曰。恁麼即今日親聞獅子吼。他時終作鳳凰兒。師曰。又向這裏塗污人。

"흰 물결이 하늘 끝까지 솟구치는데, 어떤 사람이 허공에 머물러 있겠습니까?"

"고요한 밤에 요(堯)의 북소리를 생각하면서 머리를 돌리어 순(舜)의 거문고를 듣는다."

問白浪滔天境何人住太虛。師曰。靜夜思堯鼓迴頭聞舜琴。

토끼뿔

"등불은 고산의 것을 전했고, 도덕은 온능(溫陵) 지방에서 으뜸이니, 석문(石門)에 걸터앉지 말라는 소식을 대사께서 통해 주십시오."했을 때

대원은 "꾀꼬리는 봄 여름 새이고, 기러기는 가을 겨울 새이니라."하리라.

복주(福州) 용산(龍山) 문의(文義) 선사

문의 선사가 법상에 올라 말하였다.

"만일 종승만을 들면 선원이 적막해서 황폐할 것이고, 만일 자세히 묻기를 보류한다면 다시 어느 시절을 기다리랴. 누가 자세히 알겠는가? 나와서 시험해 봐라. 아무도 없다면 헛된 짓은 하지 않는 것이 좋겠다."

어떤 승려가 물었다.

"어떤 것이 인간의 왕입니까?"

대사가 말하였다.

"그의 위풍에 사람들이 모두 두려워한다."

"어떤 것이 법왕입니까?"

"온통인 구절의 법령이 당장에 시행된다."

福州龍山文義禪師。上堂曰。若擧宗乘即院寂徑荒。若留委問更待箇什麼。還有人委麼出來驗看。若無人委莫略虛好。僧問。如何是人王。師曰。威風人盡懼。僧曰。如何是法王。師曰。一句令當行。

승려가 말하였다.
"두 분 왕이 다릅니까, 다르지 않습니까?"
대사가 말하였다.
"아까 무어라 했던가?"

僧曰。二王還分不分。師曰。適來道什麼。

 토끼뿔

"두 분 왕이 다릅니까, 다르지 않습니까?" 했을 때

대원은 "임금 왕(王)자는 석 삼(三)자와 뚫을 곤(丨)자로 이룬 자니라." 하리라.

복주(福州) 고산(鼓山) 지악(智岳) 요종(了宗) 대사

요종 대사는 복주 사람이다. 처음에 제방으로 다니다가 악주(鄂州)에 가서 황룡(黃龍)에게 물었다.

"황룡의 소문을 들은 지 오래인데, 와서 보니 오직 얼룩뱀만 보이는군요."

황룡이 말하였다.

"그대는 얼룩뱀만을 보고 황룡은 알지 못하는구나."

대사가 말하였다.

"어떤 것이 황룡입니까?"

"도도한 바탕이니라."

"홀연히 금시조(金翅鳥)를 만나면 어찌합니까?"

"생명을 보전하기 어렵다."

"그러면 그에게 잡아먹히겠군요."

福州鼓山智岳了宗大師。福州人也。初遊方至鄂州黃龍。問曰。久嚮黃龍到來只見赤斑蛇。黃龍曰。汝只見赤斑蛇且不識黃龍。師曰。如何是黃龍。曰滔滔地。師曰。忽遇金翅鳥來又作麼生。曰性命難存。師曰。恁麼即被他吞却也。

"그대의 공양이 고맙구나."

대사가 당장에 깨닫지 못하고 이내 처음 공부하던 산으로 돌아와서 국사(國師) 화상을 뵙자 미세한 뜻을 깨닫고, 사찰의 순서에 따라서 제3세 주지가 되었다.

대사가 법상에 올라 말하였다.

"내가 만일 온전히 종승(宗乘)을 드날리면 그대들이 어떻게 알아들을 수 있겠는가? 그러므로 그대들에게 고금이 항상 드러나고, 체(體)와 용(用)이 방해함이 없다 하노라."

어떤 승려가 물었다.

"다른 것은 묻지 않겠습니다. 어떤 것이 왕의 종족으로 탄생하는 것입니까?"

대사가 말하였다.

"금 가지와 옥 잎사귀가 같지 않다지만, 이것이 무엇이겠는가?"

"그렇다면 같아서 다를 것이 없겠습니다."

曰謝闍梨供養。師當下未省覺。尋迴受業山禮觀國師和尚。啟發微旨而後次補山門爲第三世。上堂曰。我若全舉宗乘汝向什麼處領會。所以向汝道。古今常露體用無妨。僧問。諸餘即不問。如何是誕生王種。師曰。金枝玉葉不相似是作麼生。僧曰。恁麼即同中不得異。

대사가 말하였다.
"다를 것이 없는 일이 어떠한가?"
승려가 말하였다.
"금 가지를 어찌 계승할 수 있겠습니까?"
"역시 문 밖의 이야기구나."

"허공도 작용을 할 줄 알겠습니까?"
대사가 주장자를 번쩍 들면서 말하였다.
"이 승려는 맞는 것이 좋겠다."
승려가 말이 없었다.

師曰。不得異事作麼生。僧曰。金枝爭能續。師曰。猶是闡外之辭。問虛空還解作用也無。師拈起拄杖曰。這箇師僧好打。僧無語。

 토끼뿔

"다른 것은 묻지 않겠습니다. 어떤 것이 왕의 종족으로 탄생하는 것입니까?" 했을 때

대원은 "덕산 방망이 밑이니라." 하리라.
"험."

양주(襄州) 정혜(定慧) 화상

정혜 화상에게 어떤 승려가 물었다.
"어떤 것이 부처의 모든 것을 초월했다는 것마저 세우지 않는 경지의 일입니까?"
대사가 말하였다.
"놀라지 않는 사람이 없다."
"학인은 잘 모르겠습니다."
"어려움으로 향하는 것을 방해하지 않는다."

"때와 기틀과 작용을 빌리지 않고 어떻게 조종(祖宗)의 법을 이야기하겠습니까?"
"그대도 부끄러움을 갖추었는가?"
승려가 할을 하니, 대사는 말이 없었다.

襄州定慧和尚。僧問。如何是佛向上事。師曰。無人不驚。僧曰。學人未委在。師曰。不妨難向。問不借時機用如何話祖宗。師曰。闍梨還具慚愧麼。僧便喝。師無語。

 토끼뿔

"때와 기틀과 작용을 빌리지 않고 어떻게 조종(祖宗)의 법을 이야기하겠습니까?" 했을 때

대원은 "지금까지 무얼 했기에 듣지도 보지도 못했다는 말인가?" 하리라.

복주(福州) 고산(鼓山) 청악(清諤) 종효(宗曉) 선사

종효 선사는 수업(受業) 화상[30]에게 법을 받았다.
어떤 이가 물었다.
"죽은 승려가 떠나서 어디로 갑니까?"
대사가 말하였다.
"추울 때는 손을 내놓지 않는다."

福州鼓山清諤宗曉禪師。得法於受業和尚(鼓山第四世住)。問亡僧遷化向什麼處去也。師曰。時寒不出手。

---

30) 고산의 제4세 주지. (원주)

 토끼뿔

"죽은 승려가 떠나서 어디로 갑니까?" 했을 때

대원은 "떡방앗간 참새다." 하리라.

금릉(金陵) 정덕도량(淨德道場) 충후(沖煦) 혜오(慧悟) 선사

혜오 선사는 복주(福州) 사람으로 성은 화(和)씨이다. 어려서 누린내와 비린내를 싫어하여 스스로 출가하기로 맹세하고, 고산에 올라가 머리를 깎고 법을 얻어 수기를 받았다.

나이 24세에 홍주(洪州) 풍성(豊城)에서 대중을 위해 법을 펴니, 사람들이 소장로(少長老)라 하였다. 주(周)의 현덕(顯德) 때에 강남국(江南國)의 왕이 광목(光睦)으로 옮겨서 살게 하였다.

어떤 승려가 물었다.
"어떤 것이 대도입니까?"
대사가 말하였다.
"나에게는 작은 길도 없다."

金陵淨德道場沖煦慧悟禪師。福州人也。姓和氏。幼不染葷血。自誓出家。登鼓山剃度得法受記。年二十四於洪州豐城為眾開演。時謂小長老。周顯德中江南國主延住光睦。僧問。如何是大道。師曰。我無小徑。

"어떤 것이 작은 길입니까?"

"나는 큰 길도 있는 줄 모른다."

대사는 이어 여산(廬山)의 개선사(開先寺)에 살다가 나중에는 정덕(淨德)에 살았는데, 두 곳에서 모두 대중을 모아 설법하였다. 개보(開寶) 8년에 입적하였다.

曰如何是小徑。師曰。我不知有大道。師次住廬山開先。後居淨德。並聚徒說法。開寶八年歸寂。

토끼뿔

"어떤 것이 대도입니까?" 했을 때

대원은 "큰 길이다." 하고

"어떤 것이 작은 길입니까?" 했을 때

대원은 "작은 길이다." 하리라.

금릉(金陵) 보은원(報恩院) 청호(清護) 선사

청호 선사는 복주(福州)의 장락(長樂) 사람으로 성은 진(陳)씨이다. 여섯 살에 부모를 하직하고 고산(鼓山)에 의해 머리를 깎았다. 15세에 계를 받고 국사의 말에 참된 취지를 깨달았다.

국사가 입적하신 뒤에 건주(建州)의 백운(白雲)에 가니, 민수(閩帥)인 왕(王)씨가 위에 아뢰어 자의(紫衣)와 숭인 대사(崇因大師)라는 법호를 하사하게 하였다.

진(晋)의 천복(天福) 8년에 금릉(金陵)에서부터 전쟁을 일으켜서 건성까지 쳐들어왔다. 당시의 통군(統軍)인 사원휘(查元徽)가 절에 이르렀는데, 대사가 나와서 반겨 맞이하니 사씨가 물었다.

"이 가운데서 서로 볼 때 어떠합니까?"

대사가 말하였다.

"장군님을 번거롭게 하셨군요."

金陵報恩院清護禪師。福州長樂人也。姓陳氏。六歲辭親禮鼓山披削。十五納戒。於國師言下發明真趣。曁國師圓寂。乃之建州白雲。閩帥王氏奏賜紫號崇因大師。晉天福八年金陵興師入建城。時統軍查元[31]徽至院。師出延接。查問曰。此中相見時如何。師曰。惱亂將軍。

---

31) 元이 원나라본에는 文으로 되어 있다.

나중에 사씨가 대사를 청해 금릉으로 돌아가니, 국주가 장경원(長慶院)에 살면서 대중을 거두라 명하였다.

주(周)의 현덕(顯德) 초에 건주로 물러가서 암자를 세우니, 이때에 절도사(節度使)인 진회(陳誨)가 현친보은선원(顯親報恩禪苑)을 짓고 굳이 주지가 되기를 청하였다.

처음 개당하는 날에 어떤 승려가 물었다.
"모든 부처님들이 세상에 나오시면 하늘에서 꽃이 떨어졌다는데, 화상께서 세상에 나실 때에는 어떤 상서가 있었습니까?"
대사가 말하였다.
"어제 첫 천둥을 하더니, 오늘 아침에는 가랑비가 뿌리는구나."

"어떤 것이 부처님들의 현묘한 뜻입니까?"
"짚신과 나막신이니라."

查後請師歸金陵。國主命居長慶院攝眾。周顯德初退歸建州卓庵。時節度使陳誨創顯親報恩禪苑堅請住持。開堂日。僧問。諸佛出世天華亂墜。未審和尚出世有何祥瑞。師曰。昨日新雷發。今朝細雨飛。問如何是諸佛玄旨。師曰。草鞋木履。

개보(開寶) 3년 5월에 강남의 후주(後主)가 다시 보은과 정덕, 두 도량에 들어와 왕래하면서 설법해 달라 하고, 호를 묘행(妙行) 대사라 고쳐 불렀다. 그해 11월에 병이 나니 미리 국주에게 하직하였다. 그달 20일 새벽에 종을 치고 대중을 모아 뒷일을 유촉한 뒤에 엄연히 앉아서 입적하니, 수명은 55세이고, 법랍은 40세였다.

국주가 후하게 예우해서 다비를 하고, 사리 3백여 개와 뼈를 거두어 진주 계족산(鷄足山)의 와운(臥雲) 선원에 탑을 세웠다.

대사는 풍골이 수려하고 품행이 청초하였으며, 20년 동안 비단을 입지 않고 오직 무명만을 입었다. 말솜씨가 유창하여 가는 곳마다 대중의 우두머리에 섰으며, 다섯 곳에서 설법한 어록과 게송은 모두 따로 세상에 퍼졌다.

開寶三年五月江南後主再請入住報恩淨德二道場。來往說法。改號妙行禪師。當年十一月示疾預辭國主。二十日平旦聲鍾召大眾囑付訖儼然坐亡。壽五十有五。臘四十。國主厚禮茶毘。收舍利三百餘粒並靈骨。歸葬於建州鷄足山臥雲院建塔。師風神清灑操行孤標。二十年不服綿絹唯衣紙布。辭藻札翰並皆冠眾。五處語要偈頌別行於世。

토끼뿔

"어떤 것이 부처님들의 현묘한 뜻입니까?" 했을 때

대원은 "그 아닌 것 내놔 봐라." 하리라.

색 인 표

ㄱ

가경(제9세)(24권)
가관 선사(19권)
가나제바(2권)
가문 선사(16권)
가비마라(1권)
가선 선사(26권)
가섭불(1권)
가야사다(2권)
가지 선사(10권)
가홍 선사(26권)
가훈 선사(26권)
가휴 선사(19권)
가휴(제2세)(24권)
간 선사(22권)
감지 행자(10권)
감홍 선사(15권)
강 선사(21권)
거방 선사(4권)
거회 선사(16권)
건봉 화상(17권)
계학산 화상(19권)
견숙 선사(8권)
겸 선사(20권)
경 선사(23권)
경산 감종(10권)
경산 홍인(11권)
경상(관음원)(26권)
경상(숭복원)(26권)
경소 선사(26권)
겸여(제2세)(24권)
경잠 초현(10권)
경조 현사(17권)
경조미 화상(11권)
경준 선사(25권)
경진 선사(26권)
경탈 화상(22권)
경탈 화상(29권)

경통 선사(12권)
경현 선사(26권)
경혜 선사(15권)
경혼 선사(16권)
계눌 선사(21권)
계달 선사(24권)
계번 선사(19권)
계여 암주(21권)
계유 선사(23권)
계조 선사(25권)
계종 선사(24권)
계침 선사(21권)
계허 선사(10권)
고 선사(12권)
고사 화상(8권)
고정 화상(10권)
고정간선사(16권)
고제 화상(9권)
곡산 화상(23권)
곡산장 선사(16권)
곡은 화상(15권)
공기 화상(9권)
곽산 화상(11권)
관계 지한 선사(12권)
관남 장로(30권)
관음 화상(22권)
관주 나한(24권)
광 선사(14권)
광과 선사(23권)
광달 선사(25권)
광덕(제1세)(20권)
광목 선사(12권)
광법 행흠(24권)
광보 선사(13권)
광산 화상(23권)
광오 선사(22권)
광오(세4세)(17권)
광용 선사(12권)

광우 선사(24권)
광원 화상(26권)
광인 선사(15권)
광인 선사(17권)
광일 선사(20권)
광일 선사(25권)
광제 화상(20권)
광징 선사(8권)
광혜진 선사(13권)
광화 선사(20권)
괴성 선사(26권)
교 화상(12권)
교연 선사(18권)
구 화상(24권)
구나함모니불(1권)
구류손불(1권)
구마라다(2권)
구봉 도건(16권)
구봉 자혜(11권)
구산 정원(10권)
구산 화상(21권)
구종산 화상(15권)
구지 화상(11권)
굴다삼장(5권)
귀 선사(22권)
귀본 선사(19권)
귀신 선사(23권)
귀인 선사(20권)
귀정 선사(13권)
귀종 지상(7권)
규봉 종밀(13권)
근 선사(26권)
금륜 화상(22권)
금우 화상(8권)
기림 화상(10권)

ㄴ

나찬 화상(30권)

나한 화상(11권)
나한 화상(24권)
낙보 화상(30권)
남대 성(21권)
남대 화상(20권)
남악 남대(20권)
남악 회양(5권)
남원 화상(12권)
남원 화상(19권)
남전 보원(8권)
낭 선사(23권)
내 선사(22권)
녹 화상(21권)
녹수 화상(11권)
녹원 화상(13권)
녹원휘 선사(16권)
녹청 화상(15권)

ㄷ

다복 화상(11권)
단기 선사(23권)
단하 천연(14권)
달 화상(24권)
담공 화상(12권)
담권(제2세)(20권)
담명 화상(23권)
담장 선사(8권)
담조 선사(10권)
담취 선사(4권)
대각 선사(12권)
대각 화상(12권)
대동 선사(15권)
대랑 화상(23권)
대력 화상(24권)
대령 화상(17권)
대모 화상(10권)
대범 화상(20권)
대비 화상(12권)

색인표 271

색 인 표

대승산 화상(23권)	도자 선사(26권)	만세 화상(9권)	문습 선사(24권)
대안 선사(9권)	도잠 선사(25권)	만세 화상(12권)	문언 선사(19권)
대양 화상(8권)	도전 선사 (17권)	명 선사(17권)	문의 선사(21권)
대육 선사(7권)	도전(제12세)(24권)	명 선사(22권)	문익 선사(24권)
대의 선사(7권)	도제(제11세)(26권)	명 선사(23권)	문흠 선사(22권)
대전 화상(14권)	도통 선사(6권)	명교 선사(22권)	문희 선사(12권)
대주 혜해(6권)	도한 선사(17권)	명달소안(제4세)(26)권	미령 화상(12권)
대천 화상(14권)	도한 선사(22권)	명법 대사(21권)	미령 화상(8권)
덕겸 선사(23권)	도행 선사(6권)	명변 대사(22권)	미선사(제2세)(23권)
덕부 스님(29권)	도헌 선사(12권)	명식 대사(22권)	미차가(1권)
덕산 선감(15권)	도흠 선사 (25권)	명오 대사(22권)	미창 화상(12권)
덕산(제7세)(20권)	도흠 선사(4권)	명원 선사(21권)	미창 화상(14권)
덕소 국사(25권)	도흠(제2세)(24권)	명진 대사(19권)	민덕 화상(12권)
덕해 선사(22권)	도희 선사(21권)	명진 선사(21권)	
도 선사(21권)	도희 선사(22권)	명철 선사(7권)	ㅂ
도간(제2세)(20권)	동계 화상(20권)	명철 선사(14권)	바사사다(2권)
도건 선사(23권)	동봉 암주(12권)	명혜 대사(24권)	바수밀(1권)
도견 선사(26권)	동산 양개(15권)	명혜 선사(22권)	바수반두(2권)
도겸 선사(23권)	동산혜 화상(9권)	모 화상(17권)	박암 화상(17권)
도광 선사(21권)	동선 화상(19권)	자사진조(12권)	반산 화상(15권)
도단 선사(26권)	동안 화상(8권)	몽계 화상(8권)	반야다라(2권)
도림 선사(4권)	동안 화상(16권)	몽필 화상(19권)	방온 거사(8권)
도명 선사(4권)	동정 화상(23권)	묘공 대사(21권)	배도 선사(30권)
도명 선사(6권)	동천산 화상(20권)	묘과 대사(21권)	배휴(12권)
도부 선사(18권)	동탑 화상(12권)	무등 선사(7권)	백거이(10권)
도부 대사(19권)	둔유 선사(17권)	무료 선사(8권)	백곡 화상(23권)
도상 선사(10권)	득일 선사(21권)	무업 선사(8권)	백령 화상(8권)
도상 선사(25권)	등등 화상(30권)	무염 대사(12권)	백수사화상(16권)
도수 선사(4권)		무원 화상(15권)	백운 화상(24권)
도신 대사(3권)	ㄹ	무은 선사(17권)	백운약 선사(15권)
도연 선사(20권)	라후라다(2권)	무일 선사(24권)	범 선사(20권)
도오(관남)(11권)		무주 선사(4권)	범 선사(23권)
도오(천황)(14권)	ㅁ	무휴 선사(20권)	법건 선사(26권)
도원 선사(26권)	마나라(2권)	문 화상(22권)	법괴 선사(26권)
도유 선사(17권)	마명 대사(1권)	문수 선사(17권)	법단 대사(11권)
도은 선사(21권)	마조 도일(6권)	문수 선사(25권)	법달 선사(5권)
도은 선사(23권)	마하가섭(1권)	문수 화상(16권)	법등 태흠(30권)
도응 선사(17권)	만 선사(22권)	문수 화상(20권)	법만 선사(13권)

색 인 표

법보 선사(22권)
법상 선사(7권)
법운 대사(22권)
법운공(27권)
법융 선사(4권)
법의 선사(20권)
법제 선사(23권)
법제(제2세)(26권)
법지 선사(4권)
법진 선사(11권)
법해 선사(5권)
법현 선사(24권)
법회 선사(6권)
변륭 선사(26권)
변실(제2세)(26권)
보 선사(22권)
보개산 화상(17권)
보개약 선사(16권)
보광 혜심(24권)
보광 화상(14권)
보리달마(3권)
보만 대사(17권)
보명 대사(19권)
보문 대사(19권)
보봉 신당(17권)
보봉 화상(15권)
보수 화상 (12권)
보수소 화상(12권)
보승 선사(24권)
보안 선사(9권)
보운 선사(7권)
보응 화상(12권)
보적 선사(7권)
보지 선사(27권)
보철 선사(7권)
보초 선사(24권)
보화 화상(10권)
보화 화상(24권)

복계 화상(8권)
복룡산(제1세)(17권)
복룡산(제2세)(17권)
복룡산(제3세)(17권)
복림 선사(13권)
복분 암주(12권)
복선 화상(26권)
복수 화상(13권)
복타밀다(1권)
본계 화상(8권)
본동 화상(14권)
본선 선사(26권)
본인 선사(17권)
본정 선사(5권)
봉 선사(11권)
봉 화상(23권)
봉린 선사(20권)
부강 화상(11권)
부나야사(1권)
부배 화상(8권)
부석 화상(11권)
불암휘 선사(12권)
불여밀다(2권)
불오 화상(8권)
불일 화상(20권)
불타 화상(14권)
불타난제(1권)
붕언 대사(26권)
비 선사(20권)
비구니 요연(11권)
비마암 화상(10권)
비바시불(1권)
비사부불(1권)
비수 화상(8권)
비전복 화상(16권)

ㅅ

사 선사(23권)

사건 선사(17권)
사구 선사(26권)
사귀 선사(22권)
사내 선사(19권)
사눌 선사(21권)
사명 선사(12권)
사명 화상((15권)
사밀 선사(23권)
사보 선사(23권)
사선 화상(16권)
사야다(2권)
사언 선사(17권)
사욱 선사(18권)
사위 선사(20권)
사자 존자(2권)
사정 상좌(21권)
사조 선사(10권)
사지 선사(26권)
사진 선사(22권)
사해 선사(11권)
사호 선사(26권)
삼상 화상(20권)
삼성 혜연(12권)
삼양 암주(12권)
상 선사(22권)
상 화상(22권)
상각 선사(24권)
상관 선사(9권)
상나화수(1권)
상전 화상(26권)
상진 선사(23권)
상찰 선사(17권)
상통 선사(11권)
상혜 선사(21권)
상홍 선사(7권)
서 선사(19권)
서듐 선사(25권)
서목 화상(11권)

서선 화상(10권)
서선 화상(20권)
서암 화상(17권)
석가모니불(1권)
석경 화상(23권)
석구 화상(8권)
석두 희천(14권)
석루 화상(14권)
석림 화상(8권)
석상 경제(15권)
석상 대선 (8권)
석상 성공(9권)
석상휘 선사(16권)
석제 화상(11권)
석주 화상(16권)
선각 선사(8권)
선도 선사(20권)
선도 화상(14권)
선미(제3세)(26권)
선본 선사(17권)
선상 대사(22권)
선소 선사(13권)
선소 선사(24권)
선자 덕성(14권)
선장 선사(17권)
선정 선사(20권)
선천 화상(14권)
선최 선사 (12권)
선혜 대사(27권)
설봉 의존(16권)
성공 선사(14권)
성선사(제3세)(20권)
성수엄 선사(17권)
소 화상(22권)
소계 화상(30권)
소명 선사(26권)
소산 화상(30권)
소수 선사(24권)

색인표 273

색 인 표

소암 선사(25권)
소요 화상(8권)
소원(제4세)(24권)
소자 선사(23권)
소종 선사(12권)
소진 대사(12권)
소현 선사(25권)
송산 화상(8권)
수 선사(24권)
수계 화상(8권)
수공 화상(14권)
수눌 선사(19권)
수눌 선사(26권)
수당 화상(8권)
수로 화상(8권)
수룡산 화상(21권)
수륙 화상(12권)
수빈 선사(21권)
수산 성념(13권)
수안 선사(24권)
수월 대사(21권)
수유산 화상(10권)
수인 선사(25권)
수진 선사(24권)
수청 선사(22권)
순지 대사(12권)
숭 선사(22권)
숭교 대사(23권)
숭산 화상(10권)
숭은 화상(16권)
숭진 화상(23권)
숭혜 선사(4권)
습득(27권)
승 화상(23권)
승가 화상(27권)
승가난제(2권)
승광 화상(11권)
승나 선사(3권)

승둔 선사(26권)
승밀 선사(15권)
승일 선사(16권)
승찬 대사(3권)
시기불(1권)
시리 선사(14권)
신건 선사(11권)
신당 선사(17권)
신라 청원(17권)
신록 선사(23권)
신수 선사(4권)
신안 국사(18권)
신장 선사(8권)
신찬 선사(9권)
실성 대사(22권)
심 선사(23권)
심철 선사(20권)
쌍계전도자(12권)

ㅇ

아난 존자(1권)
악록산 화상(22권)
안선사(제1세)(20권)
암 화상(20권)
암두 전활(16권)
암준 선사(15권)
앙산 혜적(11권)
애 선사(23권)
약산 유엄(14권)
약산(제7세)(23권)
약산고 사미(14권)
양 선사(6권)
양 좌주(8권)
양광 선사(25권)
양수 선사(9권)
언단 선사(22권)
언빈 선사(20권)
엄양 존자(11권)

여눌 선사(15권)
여만 선사(6권)
여민 선사(11권)
여보 선사(12권)
여신 선사(22권)
여체 선사(19권)
여회 선사(7권)
역촌 화상(12권)
연 선사(21권)
연관 선사(24권)
연교 대사(12권)
연규 선사(25권)
연덕 선사(26권)
연무 선사(17권)
연수 선사(26권)
연수 화상(23권)
연승 선사(26권)
연종 선사(19권)
연화(제2세)(23권)
연화상(제2세)(23권)
영 선사(19권)
영가 현각(5권)
영각 화상(20권)
영감 선사(26권)
영감 화상(23권)
영관사(12권)
영광 선사(24권)
영규 선사(15권)
영도 선사(5권)
영명 대사(18권)
영묵 선사(7권)
영서 화상(13권)
영숭(제1세)(23권)
영안(제5세)(26권)
영암 화상(23권)
영엄 선사(23권)
영운 지근(11권)
영준 선사(15권)

영초 선사(16권)
영태 화상(19권)
영평 선사(23권)
영함 선사(21권)
영훈 선사(10권)
오공 대사(23권)
오공 선사(24권)
오구 화상(8권)
오운 화상(30권)
오통 대사(23권)
온선사(제1세)(20권)
와관 화상(16권)
와룡 화상(17권)
와룡 화상(20권)
왕경초상시(11권)
요 화상(23권)
요각(제2세)(21권)
요공 대사(21권)
요산 화상(11권)
요종 대사(21권)
용 선사(20권)
용수 존자(1권)
용계 화상(20권)
용광 화상(20권)
용담 숭신(14권)
용산 화상(8권)
용아 거둔(17권)
용운대 선사(9권)
용준산 화상(17권)
용천 화상(23권)
용청 선사(26권)
용혈산 화상(23권)
용회 도심(30권)
용흥 화상(17권)
우녕 선사(26권)
우두미 선사(15권)
우바국다(1권)
우섬 선사(26권)

색 인 표

우안 선사(26권)
우연 선사(21권)
우연 선사(22권)
우진 선사(26권)
운개 지한(17권)
운개경 화상(17권)
운산 화상(12권)
운암 담성(14권)
운주 화상(20권)
운진 선사(23권)
원 선사(22권)
원 화상(23권)
원광 선사(23권)
원규 선사(4권)
원명 선사(11권)
원명(제3세)(23권)
원명(제9세)(22권)
원소 선사(26권)
원안 선사(16권)
원엄 선사(19권)
원제 선사(26권)
원조 대사(23권)
원지 선사(14권)
원지 선사(21권)
월륜 선사(16권)
월화 화상(24권)
위 선사(20권)
위국도 선사(9권)
위부 화엄(30권)
위산 영우(9권)
유 선사(24권)
유 화상(24권)
유건 선사(6권)
유경 선사(29권)
유계 화상(15권)
유관 선사(7권)
유연 선사(17권)
유원 화상(8권)

유장 선사(20권)
유정 선사(4권)
유정 선사(6권)
유정 선사(9권)
유칙 선사(4권)
육긍 대부(10권)
육통원소선사(17권)
윤 선사(22권)
윤 스님(29권)
은미 선사(23권)
은봉 선사(8권)
응천 화상(11권)
의능(제9세)(26권)
의름 선사(26권)
의소 화상(23권)
의안 선사(14권)
의원 선사(26권)
의유(제13세)(26권)
의인 선사(23권)
의전 선사(26권)
의초 선사(12권)
의총 선사(22권)
의충 선사(14권)
이산 화상(8권)
이종 선사(10권)
인 선사(19권)
인 선사(22권)
인 화상(23권)
인검 선사(4권)
인종 화상(5권)
인혜 대사(18권)
일용 화상(11권)
일자 화상(10권)
임전 화상(19권)
임제 의현(12권)
임천 화상(22권)

ㅈ

자광 화상(23권)
자국 화상(16권)
자동 화상(11권)
자만 선사(6권)
자복 화상(22권)
자재 선사(7권)
자화 선사(22권)
장 선사(20권)
장 선사(23권)
장경 혜릉(18권)
장용 선사(22권)
장이 선사(10권)
장평산 화상(12권)
적조 선사(21권)
전긍 선사(26권)
전법 화상(23권)
전부 선사(12권)
전식 선사(4권)
전심 대사(21권)
전은 선사(24권)
전초 선사(20권)
정 선사(21권)
정과 선사(20권)
정수 대사(22권)
정수 선사(13권)
정오 대사(21권)
정오 선사(20권)
정원 화상(23권)
정조 혜동(26권)
정혜 선사(24권)
정혜 화상(21권)
제 선사(25권)
제다가(1권)
제봉 화상(8권)
제안 선사(7권)
제안 화상(10권)
소 선사(9권)
조 선사(22권)

조산 본적(17권)
조수(제2세)(24권)
조주 종심(10권)
존수 선사(16권)
종괴 선사(21권)
종귀 선사(22권)
종랑 선사(11권)
종범 선사(17권)
종선 선사(24권)
종성 선사(23권)
종습 선사(19권)
종실 선사(23권)
종의 선사(26권)
종일 선사(21권)
종일 선사(26권)
종전 선사(19권)
종정 선사(19권)
종지 선사(20권)
종철 선사(12권)
종현 선사(25권)
종혜 대사(23권)
종효 선사(21권)
종흔 선사(21권)
주 선사(24권)
주지 선사(21권)
준 선사(24권)
준고 선사(15권)
중도 화상(20권)
중만 선사(23권)
중운개 화상(16권)
중흥 선사(15권)
증각 선사(23권)
증선사(제2세)(20권)
지 선사(4권)
지견 선사(6권)
지관 화상(12권)
지구 선사(22권)
지균 선사(25권)

색 인 표

지근 선사(26권)
지단 선사(22권)
지덕 대사(21권)
지도 선사(5권)
지륜 선사(24권)
지묵(제2세)(22권)
지봉 대사(26권)
지봉 선사(4권)
지부 선사(18권)
지상 선사(5권)
지성 선사(5권)
지암 선사(4권)
지엄 선사(24권)
지옹(제3세)(24권)
지원 선사(16권)
지원 선사(17권)
지원 선사(21권)
지위 선사(4권)
지은 선사(24권)
지의 대사(25권)
지의 선사(27권)
지의 화상(12권)
지장 선사(7권)
지장 화상(24권)
지적 선사(22권)
지조(제3세)(23권)
지진 선사(9권)
지징 대사(26권)
지철 선사(5권)
지통 선사(10권)
지통 선사(5권)
지행(제2세)(23권)
지황 선사(5권)
지휘 선사(20권)
진 선사(20권)
진 선사(23권)
진 존숙(12권)
진각 대사(18권)

진각 대사(24권)
진감(제4세)(23권)
진랑 선사(14권)
진응 선사(13권)
진적 선사(21권)
진적 선사(23권)
진화상(제3세)(23권)
징 선사(22권)
징 화상(24권)
징개 선사(24권)
징원 선사(22권)
징정 선사(21권)
징조 대사(15권)

ㅊ

찰 선사(29권)
창선사(제3세)(20권)
책진 선사(25권)
처미 선사(9권)
처진 선사(20권)
천개유 선사(16권)
천룡 화상(10권)
천복 화상(15권)
천왕원 화상(20권)
천태 화상(17권)
청간 선사(12권)
청교 선사(23권)
청면(제2세)(23권)
청모 선사(24권)
청법 선사(21권)
청석 선사(25권)
청양 선사(13권)
청요 선사(23권)
청용 선사(25권)
청욱 선사(26권)
청원 화상(17권)
청원 행사(5권)

청좌산 화상(20권)
청진 선사(23권)
청품(제8세)(23권)
청해 선사(23권)
청해 선사(24권)
청호 선사(21권)
청환 선사(21권)
청활 선사(22권)
초 선사(20권)
초남 선사(12권)
초당 화상(8권)
초복 화상(15권)
초오 선사(19권)
초증 대사(18권)
초훈(제4세)(24권)
총인 선사(7권)
추산 화상(17권)
충언(제8세)(23권)
취미 무학(14권)
척천 화상(8권)
침 선사(22권)

ㅌ

타지 화상(8권)
태원부 상좌(19권)
태흠 선사(25권)
통 선사(17권)
통 선사(19권)
통법 도성(26권)
통변 도홍(26권)
통화상(제2세)(24권)
투자 감온(15권)

ㅍ

파조타 화상(4권)
파초 화상(16권)
파초 화상(20권)

포대 화상(27권)
풍 선사(23권)
풍간 선사(27권)
풍덕사 화상(12권)
풍혈 연소(13권)
풍화 화상(20권)

ㅎ

하택 신회(5권)
학륵나(2권)
학림 선사(4권)
한 선사(10권)
한산자(27권)
함계 선사(17권)
함광 선사(24권)
함택 선사(21권)
항마장 선사(4권)
해안 선사(16권)
해호 화상(16권)
행랑 선사(23권)
행명 대사(26권)
행수 선사(17권)
행숭 선사(22권)
행애 선사(23권)
행언 도사(25권)
행인 선사(23권)
행전 선사(20권)
행주 선사(19권)
행충(제1세)(23권)
향 거사(3권)
향성 화상(20권)
향엄 지한(11권)
향엄의단선사(10권)
헌 선사(20권)
현눌 선사(19권)
현량 선사(24권)
현밀 선사(23권)
현사 사비(18권)

색 인 표

현소 선사(4권)
현오 선사(20권)
현정 대사(4권)
현지 선사(24권)
현진 선사(10권)
현책 선사(5권)
현천언 선사(17권)
현천(제2세)(23권)
현칙 선사(25권)
현태 상좌(16권)
현통 선사(18권)
협 존자(1권)
협산 선회(15권)
혜 선사(20권)
혜 선사(22권)
혜 선사(23권)
혜가 대사(3권)
혜각 대사(21권)
혜각 선사(11권)
혜거 국사(25권)
혜거 선사(20권)
혜거 선사(26권)
혜공 선사(16권)
혜광 대사(23권)
혜능 대사(5권)
혜달 선사(26권)
혜랑 선사(14권)
혜랑 선사(21권)
혜랑 선사(26권)
혜렴 선사(22권)
혜류 대사(22권)
혜만 선사(3권)
혜명 선사(25권)
혜방 선사(4권)
혜사 선사(27권)
혜성 선사(14권)
혜성(제14세)(26권)
혜안 국사(4권)

혜오 선사(21권)
혜원 선사(25권)
혜월법단(제3세)(26권)
혜일 대사(11권)
혜장 선사(6권)
혜제 선사(25권)
혜종 선사(17권)
혜철(제2세)(23권)
혜청 선사(12권)
혜초 선사(9권)
혜충 국사(5권)
혜충 선사(4권)
혜충 선사(23권)
혜하 대사(20권)
혜해 선사(20권)
호감 대사(22권)
호계 암주(12권)
홍구 선사(12권)
홍나 화상(8권)
홍변 선사(9권)
홍엄 선사(21권)
홍은 선사(6권)
홍인 대사(3권)
홍인 선사(22권)
홍장(제4세)(23권)
홍제 선사(23권)
홍진 선사(24권)
홍천 선사(16권)
홍통 선사(20권)
화룡 화상(23권)
화림 화상(14권)
화산 화상(17권)
화엄 화상(20권)
환보 선사(16권)
환중 선사(9권)
황룡(제2세)(26권)
함벼 희운(9권)
회기 대사(23권)

회악 선사(18권)
회악(제4세)(20권)
회우 선사(16권)
회운 선사(7권)
회운 선사(20권)
회정 선사(9권)
회주 선사(23권)
회초(제2세)(23권)
회충 선사(16권)
회통 선사(4권)
회해 선사(6권)
횡룡 화상(23권)
효료 선사(5권)
효영(제5세)(26권)
효오 대사(21권)
후 화상(22권)
후동산 화상(20권)
후초경 화상(22권)
휴정 선사(17권)
흑간 화상(8권)
흑수 화상(24권)
흑안 화상(8권)
흥고 선사(23권)
흥법 대사(18권)
흥평 화상(8권)
흥화 존장(12권)
희변 선사(26권)
희봉 선사(25권)
희원 선사(26권)

부록은 농선 대원 선사님의 인가 내력과 법어 그리고 대원 선사님께서 직접 작사하신 노래 가사를 실었다. 특히 요즘 선지식 없이 공부하는 이들을 위하여 수행의 길로부터 불보살님의 누림까지 닦아 증득할 수 있도록 '부록4'에 '가슴으로 부르는 불심의 노래' 가사를 담았으니 끝까지 정독하여 수행의 요긴한 지침이 되기를 바란다.

부 록

부록1 농선 대원 선사님 인가 내력 281
부록2 농선 대원 선사님 법어 289
부록3 21세기에 인류가 해야 할 일 315
부록4 가슴으로 부르는 불심의 노래 319

농선 대원 선사님 인가 내력

제 1 오도송

이 몸을 끄는 놈 이 무슨 물건인가?
골똘히 생각한 지 서너 해 되던 때에
쉬이하고 불어온 솔바람 한 소리에
홀연히 대장부의 큰 일을 마치었네

무엇이 하늘이고 무엇이 땅이런가
이 몸이 정정하에 이러-히 가없어라
안팎 중간 없는 데서 이러-히 응하니
취하고 버림이란 애당초 없다네

하루 온종일 시간이 다하도록
헤아리고 분별한 그 모든 생각들이
옛 부처 나기 전의 오묘한 소식임을
듣고서 의심 않고 믿을 이 누구인가!

此身運轉是何物
疑端汨沒三夏來
松頭吹風其一聲
忽然大事一時了

何謂靑天何謂地
當體淸淨無邊外
無內外中應如是
小分取捨全然無

一日於十有二時
悉皆思量之分別
古佛未生前消息
聞者卽信不疑誰

　대원 선사님의 스승이신 불조정맥 제77조 조계종(曹溪宗) 전강(田岡) 대선사님께서 1962년 대구 동화사의 조실로 계실 당시 대원 선사님께서도 동화사에 함께 머무르고 계셨다.
　하루는 전강 대선사님께서 대원 선사님의 3연으로 되어 있는 제1오도송을 들어 깨달은 바는 분명하나 대개 오도송은 짧게 짓는다고 말씀하셨다. 이에 대원 선사님께서는 제1오도송을 읊은 뒤, 도솔암을 떠나 김제들을 지나다가 석양의 해와 달을 보고 문득 읊었던 제2오도송을 일러드렸다.

　　제 2 오도송

　해는 서산 달은 동산 덩실하게 얹혀 있고
　김제의 평야에는 가을빛이 가득하네
　대천이란 이름자도 서지를 못하는데
　석양의 마을길엔 사람들 오고 가네

　日月兩嶺載同模
　金提平野滿秋色
　不立大千之名字
　夕陽道路人去來

제2오도송을 들으신 전강 대선사님께서는 이에 그치지 않고 그와 같은 경지를 담은 게송을 이 자리에서 즉시 한 수 지어볼 수 있겠냐고 하셨다. 대원 선사님께서는 곧바로 다음과 같이 읊으셨다.

　바위 위에는 솔바람이 있고
　산 아래에는 황조가 날도다

대천도 흔적조차 없는데
달밤에 원숭이가 어지러이 우는구나

岩上在松風
山下飛黃鳥
大千無痕迹
月夜亂猿啼

전강 대선사님께서는 위 송의 앞의 두 구를 들으실 때만 해도 지그시 눈을 감고 계시다가 뒤의 두 구를 마저 채우자 문득 눈을 뜨고 기뻐하는 빛이 역력하셨다.

그러나 전강 대선사님께서는 여기에서도 그치지 않고 다시 한 번 물으셨다.

"대중들이 자네를 산으로 불러내어 그 중에 법성(향곡 스님 법제자인 진제 스님. 동화사 선방에 있을 당시에 '법성'이라 불렸고, 나중에 '법원'으로 개명하였다.)이 달마불식(達磨不識) 도리를 일러보라 했을 때 '드러났다'라고 답했다는데, 만약에 자네가 당시의 양무제였다면 '모르오'라고 이르고 있는 달마 대사에게 어떻게 했겠는가?"

대원 선사님께서 답하셨다.

"제가 양무제였다면 '성인이라 함도 서지 못하나 이러-히 짐의 덕화와 함께 어우러짐이 더욱 좋지 않겠습니까?' 하며 달마 대사의 손을 잡아 일으켰을 것입니다."

전강 대선사님께서 탄복하며 말씀하셨다.

"어느새 그 경지에 이르렀는가?"

"이르렀다곤들 어찌하며, 갖추었다곤들 어찌하며, 본래라곤들 어찌하리까? 오직 이러-할 뿐인데 말입니다."

대원 선사님께서 연이어 말씀하시자 전강 대선사님께서 이에 환희하시니 두 분이 어우러진 자리가 백아가 종자기를 만난 듯, 고수명창 어울리듯 화기애애하셨다.

달마불식 공안에 대한 위의 문답은 내력이 있는 것이다. 전강 대선사님께서 대원선사님을 부르시기 며칠 전에, 저녁 입선 시간 중에 노장님 몇 분만이 자리에 앉아있을 뿐 자리가 텅텅 비어 있었다고 한다.

대원 선사님께서 이상히 여기고 있던 중, 밖에서 한 젊은 수좌가 대원선사님을 불렀다. 그 수좌의 말이 스님들이 모두 윗산에 모여 기다리고 있으니 가자고 하기에 무슨 일인가 하고 따라가셨다.

그러자 그 자리에 있던 법성 스님이 보자마자 달마불식 법문을 들고 이르라고 하기에 지체없이 답하셨다.

"드러났다."

곁에 계시던 송암 스님께서 또 안수정등 법문을 들고 물으셨다.

"여기서 어떻게 살아나겠소?"

대뜸 큰소리로 이르셨다.

"안·수·정·등."

이에 좌우에 모인 스님들이 함구부언(緘口無言)인지라 대원 선사님께서는 먼저 그 자리를 떠나 내려와 버리셨다.

그 다음날 입승인 명허 스님께서 아침 공양이 끝난 자리에서 지난 밤 입선시간 중에 무단으로 자리를 비운 까닭을 묻는 대중 공사를 붙여산 중에서 있었던 일들이 낱낱이 드러나고 말았다. 그리하여 입선시간 중에 자리를 비운 스님들은 가사 장삼을 수하고 조실인 전강 대선사님께 참회의 절을 했던 일이 있었다.

전강 대선사님께서는 이때에 대원 선사님께서 달마불식 도리에 대해 일렀던 경지를 점검하셨던 것이다.

이런 철저한 검증의 자리가 있었던 다음 날, 전강 대선사님께서 부르시기에 대원 선사님께서 가보니 모든 것이 약조된 데에서 주지인 월산(月山) 스님께서 입회해 계셨으며 전강 대선사님께서는 곧바로 다음과 같이 전법게(傳法偈)를 전해주셨다.

전 법 게

부처와 조사도 일찍이 전한 것이 아니거늘
나 또한 어찌 받았다 하며 준다 할 것인가
이 법이 2천년대에 이르러서
널리 천하 사람을 제도하리라

佛祖未曾傳
我亦何受授
此法二千年
廣度天下人

덧붙여 이 일은 월산 스님이 증인이며 2000년까지 세 사람 모두 절대 다른 사람이 알게 하거나 눈에 띄게 하지 않아야 한다고 당부하셨다.

만약 그러지 않을 시에는 대원 선사님께서 법을 펴 나가는데 장애가 있을 것이라고 예언하셨다. 또한 각별히 신변을 조심하라 하시고 월산 스님에게 명령해 대원선사님을 동화사의 포교당인 보현사에 내려가 교화에 힘쓰게 하셨다.

대원 선사님께서 보현사로 떠나는 날, 전강 대선사님께서는 미리 적어두셨던 부송(付頌)을 주셨으니 다음과 같다.

부 송

어상을 내리지 않고 이러-히 대한다 함이여
뒷날 돌아이가 구멍 없는 피리를 불리니
이로부터 불법이 천하에 가득하리라

不下御床對如是
後日石兒吹無孔
自此佛法滿天下

위의 게송에서 '어상을 내리지 않고 이러-히 대한다 함이여'라는 첫 쌔 줄 역시 내력이 있는 구질이다.

전에 대원 선사님께서 전강 대선사님을 군산 은적사에서 모시고 계실 당시 마당에서 홀연히 마주쳤을 때 다음과 같은 문답이 있었다.

전강 대선사님께서 물으셨다.

"공적(空寂)의 영지(靈知)를 이르게."

대원 선사님께서 대답하셨다.

"이러-히 스님과 대담(對談)합니다."

"영지의 공적을 이르게."

"스님과의 대담에 이러-합니다."

"어떤 것이 이러-히 대담하는 경지인가?"

"명왕(明王)은 어상(御床)을 내리지 않고 천하 일에 밝습니다."

위와 같은 문답 중에 대원 선사님께서 답하신 경지를 부송의 첫째 줄에 담으신 것이다.

전강 대선사님께서 대원선사님을 인가(印可)하신 과정을 볼 때 한 번, 두 번, 세 번을 확인하여 철저히 점검하신 명안종사의 안목에 탄복하지 않을 수 없으며 이에 끝까지 1초의 머뭇거림도 없이 명철하셨던 대원선사님께 찬탄하지 않을 수 없다.

그리하여 법열로 어우러진 두 분의 자리가 재현된 듯 함께 환희용약하지 않을 수 없다.

이제 전강 대선사님과 약속한 2천년대를 맞이하였으므로 여기에 전법게를 밝힌다.

이로써 경허, 만공, 전강 대선사님으로 내려온 근대 대선지식의 정법의 횃불이 이 시대에 이어져 전강 대선사님의 예언대로 불법이 천하에 가득할 것이다.

농선 대원 선사님 법어

　깨달음은 실증실수다. 그러나 지금의 불교가 잘못된 견해와 지식으로 불조의 가르침을 왜곡하고 견성성불 하고자 애쓰는 수행인들을 오히려 길을 잃고 헤매게 하고 있다.
　그래서 이 장에서는 대원 선사님의 혜안으로 제방에서 논의되는 불교의 핵심적인 대목을 밝혀, 불조의 근본 종지를 드러내고 불교가 나아가야 할 바를 보였다.
　깨달음의 정수를 담은 12게송은 실제 깨닫지 못하고 말로만 깨달음을 말하거나 혹은 깨달았다 해도 보림이 미진한 이들을 경계하게 하며 실증의 바탕에서 닦아 증득할 수 있도록 하였으니, 생사를 결단하고 본연한 참나를 회복하려는 이들에게 칠흑 같은 밤길에 등불과 같은 길잡이가 될 것이다.

화두실참

　제방의 선방 상황을 보면 목적지에 이르는 길을 몰라 노정길을 묻고 있는 격이다. 무자와 이뭐꼬 화두가 최고라 하면서도 실제 실참을 하지 못하고 있기 때문이다. '이 무엇인고?' 하면서 이 눈으로 보려 한다면 경계 위에서 찾는 것이어서 억만 겁을 두고 찾아도 찾을 수 없다. 그러므로 깨달아 일체종지를 이룬 스승의 분명한 안목의 지도가 없다면 화두를 들든, 관법을 행하든, 염불을 하든 깨달음을 기약한다는 것이 정말 어렵다 할 것이다.

개유불성

부처님께서 분명히 준동함령 개유불성(蠢動含靈 皆有佛性)이라고 하셨다. 이것은 모든 만물이 다 부처가 될 성품을 갖고 있다는 뜻이다. 불성이 하나라고 주장하는 목소리가 불교계에 드높으나 이것은 개유불성 즉, 낱낱이 제 불성은 제가 지니고 있다는 부처님의 말씀을 정면으로 어기는 말이다.

옛 선사님 말씀에 '천지(天地)가 여아동근(與我同根)이고 만물(万物)이 여아일체(與我一切)'라고 했다. '천지가 여아동근이다'라는 것은 하늘 땅이 나와 더불어 같은 뿌리라는 말이다.
'나와 더불어'라고 했고 또한 한 뿌리가 아니라 같은 뿌리라고 했다. '더불 여(與)'자와 '같을 동(同)'자가 이미 하나라 할 수 없다는 것을 말해주고 있다. 즉 이 말은 하나와도 같다, 한결같이 똑같다는 말이다. 하나라면 '같을 동'자 뿐만 아니라 일이란 글자도 설 수 없다. 일은 이가 있을 때에야 비로소 설 수 있는 것이다.
그러므로 '천지가 여아동근이다' 즉 하늘과 땅이 나와 더불어 같은 뿌리라는 것은 모든 것이 한결같이 가없는 성품 자체에서 비롯되었다는 말이다
또한 '만물이 여아일체이다' 즉 만물이 나와 더불어 한 몸이라는 말

에서 일체란 하나의 몸을 말하는 것이 아니라 모든 불성이 가없는 성품 자체로 서로 상즉한 온통인 몸을 말하는 것이어서 만물이 나와 더불어 상즉한 자체를 말한 것이다.

공부를 많이 한 사람이 외도에 깊이 떨어지는 경우가 있다. 인가를 받지 못한 선지식들이 모두 체성을 보지 못한 이는 아니다. 가없는 성품 자체에 사무치고 보니 도저히 둘일 수가 없으므로 불성이 하나라고 한 것이다. 그러나 불성이 하나라고 하는 것은 바른 깨달음이 아니다. 그래서 인가를 받지 않으면 외도라 하는 것이다. 체성에 사무쳤다 해도 스승의 지도를 받아 일체종지를 이루지 못하면 이런 큰 허물을 짓는 것이다.

만약 불성이 하나라고 하는 이가 있으면 "아픈 것을 느끼는 것이 몸뚱이냐, 자성이냐?"라고 물어야 한다. 그러면 당연히 누구나 자성이라고 답할 것이다. 만약 몸뚱이가 아픔을 느끼는 것이라면 시체도 아픔을 느껴야 하기 때문이다. 이렇게 볼 때에 자성이 하나라면 누군가 아플 때 동시에 모두 아픔을 느껴야 할 것이다. 또한 한 사람이 생각을 일으킬 때 이를 모두 알아야 한다. 불성이 하나라면 마음도 하나여서 다른 마음이 있을 수 없기 때문이다.

돈오돈수

제방에 돈오돈수(頓悟頓修)에 대한 여러 가지 서로 다른 주장으로 시비가 끊어지지 않고 있다. 이로 인해 수행자들이 견성하면 더 이상 닦을 것이 없다는 그릇된 견해에 집착하거나 의심을 일으킬까 염려하여 여기에 바른 돈오돈수의 이치를 밝히고자 한다.

견성이 곧 돈오돈수라고 하는 분들이 많다.
그러나 견성이 곧 구경지인 성불이라면 돈오면 그만이지 돈수란 말은 왜 해놓았겠는가?
또한 오후보림(悟後保任)이라는 말은 무슨 말인가.

금강경에는 네 가지 상(我相, 人相, 衆生相, 壽者相)만 여의면 곧 중생이 아니라는 말이 수없이 되풀이되고 있다.
그런데 제구 일상무상분(第九 一相無相分)을 볼 때 다툼이 없는(곧 모든 상을 여읜) 삼매인(三昧人) 가운데 제일인 아라한도 구경지가 아니니 보살도를 닦아 등각을 거쳐야 구경성불인 묘각지에 이른다는 사실을 알 수 있다.
또한, 제이십삼 정심행선분(第二十三 淨心行善分)을 보면 부처님께서 "아도 없고, 인도 없고, 중생도 없고, 수자도 없는 가운데 모든 선법(善法)을 닦아야 곧 아뇩다라삼먁삼보리를 얻는다."라고 말씀하시고 있으니 이것은 다름이 아니라 견성한 후에 견성을 한 지혜로써 항상 체성을 여의지 않고, 남은 업을 모두 닦아 본래 갖춘 지혜덕상을 원만하게 회복시켜야 구경성불할 수 있다는 말씀이다.

그렇다면 어째서 돈수일까?
'돈'이란 시공이 설 수 없는 찰나요, '수'란 시간과 공간 속에서 닦는 것이다.
단박에 마친다면 '돈'이면 그만이고, 견성 이전이든 이후든 닦음이 있다면 '수'라고만 할 것이지 어째서 돈과 수가 함께 할 수 있을까? 그야말로 물의 차고 더움은 그 물을 마셔본 자만이 알듯이 깨달은 사람만이 알 것이다.

사무쳐 깨닫고 보니 시공이 서지 않아 이러-히 닦아도 닦음이 없으니 네 가지 상이 없는 가운데 모든 선법을 닦는 것이요, 단박에 깨달으니 색공(色空)이 설 수 없어 이러-한 경지에서 닦음 없이 닦으니 네 가지 상이 없는 가운데 모든 선법을 닦는 것이다.
이와 같이 깨달아서 깨달은 바 없고, 닦아서는 닦은 바 없이 닦아, 남음이 없는 구경지인 성불에 이르는 과정을 돈오돈수라 한다.

견성하면 마음 이외의 다른 물건이 없는 경지인데 어떻게 닦음이 있을 수 있는가 하고 의심하는 분들이 많다. 그러나 견성했다 해도 헤아릴 수 없는 겁 동안에 길들여온 업으로 인하여 경계를 대하면 깨달아 사무친 바와 늘 일치하지는 못한다.

그래서 견성한 지혜로써 항상 체성을 여의지 않고 억겁에 익혀온 업을 제거하고 지혜 덕상을 원만하게 회복시켜야 구경성불할 수 있다.

이것이 앞에서 밝혔듯 금강경에서 부처님께서 하신 말씀이요, 돈오돈수를 주창한 당사자인 육조 대사님께서 하신 말씀이다.

육조단경 돈황본 이십칠 상대법편과 이십팔 참됨과 거짓을 보면 육조 대사님께서 당신의 설법언하에 대오하고도 슬하에서 3, 40년간 보림한 십대 제자들을 모아놓고 말씀하신다.

"내가 떠난 뒤에 너희들은 각각 일방의 지도자가 될 것이다. 그러므로 내가 너희들에게 설법하는 것을 가르쳐서 근본종지를 잃지 않도록 해주리라. 나오고 들어감에 곧 양변을 여의도록 하라." 하시고 삼과(三科)의 법문과 삼십육대법(三十六對法)을 설하셨다.

뿐만 아니라 2, 3개월 후 다시 십대 제자들을 모아놓고 "8월이 되면 세상을 떠나고자 하니 너희들은 의심이 있거든 빨리 물어라. 내가 떠난 뒤에는 너희들을 가르쳐 줄 사람이 없다." 하시며 진가동정게(眞假動靜偈)를 설하시고 외워 가져 수행하여 종지를 잃지 않도록 하라고 거듭 당부를 하시고 있다.

이것을 보아서도 이 사람이 말한 돈오돈수와 육조 대사께서 말씀하신 돈오돈수가 같다는 것을 알 수 있을 것이다.

다시 한 번 밝히자면 돈오란 자신의 체성을 단박에 깨닫는 것이요, 돈수란 깨달은 체성의 지혜로써 닦음 없이 닦는 것으로 이것이 곧 오후 보림이며, 수행자들이 퇴전하지 않고 구경성불할 수 있는 바른 수행의 길이다.

다음은 전등록 제 9권에서 추출한 것이다.

"돈오(頓悟)한 사람도 닦아야 합니까?"

"만일 참되게 깨달아 근본을 얻으면 그대가 스스로 알게 될 것이니 닦는다, 닦지 않는다 하는 것은 두 가지의 말일 뿐이다. 처음으로 발심한 사람들이 비록 인연에 따라 한 생각에 본래의 이치를 단박에 깨달았으나 아직도 비롯함이 없는 여러 겁의 습기(習氣)는 단박에 없어지지 않으므로, 그것을 깨끗이 하기 위하여 현재의 업과 의식의 흐름을 차츰차츰 없애야 하나니 이것이 닦는 것이다. 그것에 따로이 수행하게 하는 법이 있다고 말하지 마라.

들음으로 진리에 들고, 진리를 듣고 묘함이 깊어지면 마음이 스스로 두렷이 밝아져서 미혹한 경지에 머무르지 않으리라. 비록 백천 가지 묘한 이치로써 당대를 휩쓴다 하여도 이는 자리에 앉아서 옷을 입었다가 다시 벗는 것으로써 살림을 삼는 것이니, 요약해서 말하면 실제 진리의 바탕에는 한 티끌도 받아들이지 않지만 만행을 닦는 부문에서는 한 법도 버리지 않느니라. 만일 깨달았다는 생각마저 단번에 자르면 범부니 성인이니 하는 생각이 다하여, 참되고 항상한 본체가 드러나 진리와 현실이 둘이 아니어서 여여한 부처이니라."

"무엇이 돈오(頓悟)이며, 무엇을 점수(漸修)라 합니까?"

"자기의 성품이 부처와 똑같다는 것은 단박에 깨달았으나 비롯함이 없는 옛적부터의 습관은 단박에 제거할 수 없으므로 차츰 물리쳐서 성품에 따라 작용을 일으켜야 하니, 마치 사람이 밥을 먹을 때에 첫술에 배가 부르지 않는 것과 같다."

간화선인가 묵조선인가

나에게 "당신의 지도는 간화입니까, 묵조입니까?"라고 묻는 이들이 있다. 나의 지도법에는 애당초부터 간화니 묵조니 하는 것이 없다. 가없는 성품 자체로 일상을 지어가라는 말이 바로 그것을 대변해주고 있다. 묵조선과 간화선이 나뉜 것은 육조 대사 이후여서 육조 대사 당시까지만 해도 묵조선이니, 간화선이니 하여 나누지 않았다. 나는 육조 대사 당시의 법을 그대로 펴고 있는 것이다.

묵조선과 간화선은 원래 종파가 아니다. 지도받는 이의 근기에 따라 지도한 방편일 뿐이다. 들뜬 생각과 분별망상에서 이끌어내기 위한 방편으로 지도한 것이 묵조선이다. 그렇게 이끌어서 깨달아 사무치면 깨달아 사무친 경지가 일상이 되게끔 다시 이끌어 주어야 하는 것이다.

달마 대사를 묵조선이라고 하는데 중국에 오기 전 달마 대사가 육파외도(六派外道)를 조복시키는 대목을 보면 달마 대사가 묵조선이 아니라는 것이 억력히 드러난다.

다만 황제가 법문을 할 정도였던 그 시대의 교리 위주의 이론불교를 근본불교에 이르게 하기 위한 방편으로 "밖으로 반연하여 일으키는 모든 생각을 쉬고 안으로 구하는 마음마저 쉬어라."라고 가르친 것이다. 간화선도 마찬가지여서 화두라는 용광로에 일체 분별망상을 녹여 없앰으로써 밖으로 반연하여 일으키는 모든 생각을 쉬고, 안으로 구하는 마음마저 쉬게 하여 깨닫게끔 한 것이다.

즉 화두를 들어도 이런 경지에 이르러야 깨달을 수 있는 것이다. 오롯이 끊어지지 않게 화두를 들어서 오직 이러한 경지에 이르러 있다가 어떤 경계에 문득 부딪힘으로써 깨닫게 된다. 결국에는 화두인 모든 공안도리 역시 사무쳐 깨닫게 하기 위한 방편이다.

그러므로 수기설법(隨機說法)하고 응병여약(應病與藥)해야 한다. 나 역시 제자가 이러한 경지에 사무쳐 깨닫게끔 하지만, 이미 사무친 연후에는 가없는 성품 자체에 머물러 있으려고만 하지 말고, 그 경지에서 응하여 모자람 없도록 지어나가야 한다고 지도한다.

묵조나 일행삼매(一行三昧), 어느 쪽도 모든 이에게 정해 놓고 일정하게 주어서는 바른 지도가 될 수 없는 것이다. 내가 앉아서 선화할 때에는 오직 심외무물의 경지만 오롯하게끔 지으라고 지도하는 것은 어떻게 보면 묵조선이다. 그것이 가장 빨리 업을 녹이는 방법이기 때문에 그렇게 지도하는 것이다.

그러나 활동할 때는 가없는 성품 자체로 일상을 지어 가라고 지도했으니 이것은 곧 일행삼매에 이르도록 지도한 것이다. 안팎 없는 경지를 여의지 않는 것이 삼매이니, 일상생활 속에서 여의지 않는 가운데 보고 듣고, 보고 듣되 여의지 않는 그것이 일행삼매이다.

그렇다면 나는 한 사람에게 묵조선과 일행삼매를 다 가르치고 있는 것이 된다. 묵조선이라고 했지만 앉아서는 생사해탈을 위한 멸진정을 익히도록 하고, 그 외에는 다 일행삼매를 짓도록 지도하고 있는 것이어서 한편으로 멸진정을 익히는 가운데 조사선을 짓고 있는 것이다.

어떠한 약도 쓰이는 곳에 따라 좋은 약이 되기도 하고 사약이 되기도 한다. 스승이 진정 자유자재해서 제자가 머물러 있는 부분을 틔워주는 지도를 할 때 그것이 약이 되는 것이다.

그러므로 '나는 간화선만을 가르친다.' 그렇게 지도해서는 안 된다. 부처님께서도 수기설법하라 하셨다. 병을 치료해 주는 것이 약이듯 그 기틀에 맞게끔 설해 주는 것이 참 법이다.

무유정법(無有定法)이라 하지 않았는가. 그 사람의 바탕과 익힌 업력과 현재의 경지 등 모든 것을 참작해서 거기에 알맞게 베풀어 주어야 한다.

부처님의 경을 마가 설하면 마설이 되고, 마경을 부처님께서 설하시면 진리의 경전이 된다는 것도 바로 이런 데에서 하신 말씀이다.

어느 한 종에만 편승하면 안 된다. 우리는 이 속에 오종칠가(五宗七家)의 법을 다 수용해야 된다. 어느 한 법도 버릴 수 없다. 모든 근기에 알맞도록 설해 주고 이끌어 줄 수 있어야 하기 때문이다.

그래서 다만 응하여 모자람이 없이 병에 의하여 약을 줄 뿐, 정해진 법이 없어서 어느 한 법도 따로 취함이 없어야 하는 것이다.

육조 대사께 행창이 찾아와 부처님 열반경 중에서 유상(有常)과 무상(無常)을 가지고 물었을 때 행창이 무상이라 하면 육조 대사는 유상이라 하고, 행창이 유상이라 하면 육조 대사는 무상이라 했다. 왜냐하면 원래부터 무상이니 유상이니가 있을 수 없어서, 부처님께서는 다만 유상이라는 집착을 벗어나게 하기 위해 무상을 말씀하시고, 무상이라는 집착을 벗어나게 하기 위해 유상을 말씀하셨을 뿐이거늘, 행창은 열반경의 이 말씀에 묶여 있었기 때문이다.

육조 대사가 이러한 이치에 대해서 설하자 행창이 곧 깨닫고 오도송을 지어 바쳤다.

이렇게 수기설법할 때 불법이다. 수기설법하지 못하면 임제종보다 더한 것이라 해도 불법일 수 없다.

각각 사람의 근기가 다른데 어떻게 천편일률적인 방법으로 똑같이 교화할 수 있겠는가.

조계종을 육조정맥종이라고 이름한 이유

　불법이 석가모니 부처님으로부터 28대 달마 대사에 이르러 동토에 전해지고 다시 33조인 육조 대사에 의해 가장 활발하고 왕성한 황금시대를 이루었다. 그래서 우리나라의 정통 불교 종단에 조계종이라는 이름이 붙여진 것이다. 육조 대사께서 생전에 조계산에 주하셨고, 대부분의 선사들의 호로 계신 곳의 지명이나 산 이름으로 쓰였기 때문이다.
　그러므로 조계종의 조계란 육조 대사를 의미하고, 조계종이란 결국 육조 대사의 법을 의미하며 조계종단은 육조 대사의 법을 받아 이어가는 종단이다.

　그러나 조계는 육조 대사께서 정식으로 스승에게 받은 호가 아니다. 호는 당호라고도 하는데, 대부분 스승이 제자를 인가하며 주는 것이다. 종사와 법을 거량하여 종사로부터 인가를 받고 입실건당의 전법식을 할 때에 당호와 가사, 장삼, 진법게 등을 빈다. 이때, 위에서 말하였듯 주로 그가 살고 있는 절 이름, 또는 지명, 그가 거처하던 집 등의 이름을 취하여 호로 삼는 경우가 많다. 그런데 육조 대사께서 조계산에 주하시기는 하였으나 스승이 오조 홍인 대사는 육조 대사에게 조계라는 호를 내린 적이 없다. 또 육조 대사 역시 생전에 조계라는 호를 쓴 적이 없다.

대부분의 사전에 육조 대사를 조계 대사라고도 한다고 되어 있는데, 이것은 후대인들이 지어 부른 것이다. 만약 '조계'를 육조 대사를 지칭하는 공식적인 명칭으로 쓴다면 이것은 후대인들이 선대의 대선사의 호를 지어 부르는 격이 되니 참으로 예에 맞지 않다고 할 것이다.

이러한 이유에서 조계종이라는 이름이 불교종단의 정식이름으로 적합하지 않다고 보았고, 또한 육조 대사의 법을 이어받아 바르게 펴는 곳이라는 의미를 담기에 가장 적당하여 육조정맥종이라 이름하였을 뿐, 수덕사 문중 전강 선사님의 인가를 받아 석가모니 부처님으로부터 근대의 대선지식인 경허, 만공, 전강 선사로 이어진 법맥을 이은 이로서 따로이 새로운 종단을 설립한 것이 아니다. 그렇기에 출가함에 있어서 불필요한 논쟁의 소지를 없애기 위해 육조정맥종이라고 이름한 이유와 스스로 한 번도 결제, 해제, 연두법어를 내리지 않았던 까닭이 따로 새로운 종단을 설립한 것이 아니었기 때문이라는 것을 밝히는 바이다.

희비송(喜悲頌)

이름도 없고 상도 없는 일 없는 사람이
태평의 노래를 흥에 취해 불렀더니
때도 없고 끝도 없는 구제의 일이
대천세계에 충만히 펼쳐졌네

無名無相無事人
太平之歌唱興醉
無時無端救濟事
大千世界布充滿

정신송(正信頌)

이름도 없고 상도 없는 이 바탕인 몸이여
이 바탕을 깨달은 믿음이라야 이 바른 믿음이라
이와 같은 믿음이 없이는 마음이 나라 말라
눈 광명이 땅에 떨어질 때 한이 만단이나 되리라

無名無相是地體
悟地之信是正信
若無是信莫心我
眼光落地恨萬端

진심송(眞心頌)

이름도 없고 상도 없는 이 진공이여
공이라는 공은 공이라 함마저도 없는 이 참 바탕이라
이와 같은 바탕이라야 이 공인 몸이니
이와 같은 몸이 아니면 참다운 마음이 아니니라

無名無相是眞空
空空無空是眞地
如是之地是空體
如是非體非眞心

업신송(業身頌)

업의 몸이란 것은 고통의 근본이요
업의 마음이란 것은 환란의 근본이니라
업의 행이란 것은 다툼의 근본이요
업의 일이란 것은 허망의 근본이니라

業身乃苦痛之本
業心乃患亂之本
業行乃鬪爭之本
業事乃虛妄之本

보림송(保任頌) 1

업의 몸을 다스리는 데는 계행이 최상이요
업의 마음을 다스리는 데는 인내가 최상이니라
계행과 인내로 잘 다스리면 보림이 순조롭고
보림이 잘 이루어지면 구경에 이르느니라

治業身之戒最上
治業心之忍最上
善治戒忍順保任
善成保任至究竟

보림송(保任頌) 2

육신의 욕망은 하나까지라도 모두 버려야 하고
육신을 향한 생각은 남음이 없이 버려야 하느니라
이와 같이 보림하면 업이 중한 사람일지라도
당생에 반드시 구경지를 성취하리라

肉身欲望捨都一
肉身向思捨無餘
如是保任重業人
當生必成究竟地

공성본질송(空性本質頌) 1

무극인 빈 성품의 본래 몸은
언어나 마음과 행위로 표현 못 하나
모든 부처님과 만물이 이로 좇아 생겼으며
궁극에 일체가 돌아가 의지할 곳이니라

無極空性之本體
言語道斷滅心行
諸佛萬物從此生
窮極一切歸依處

공성본질송(空性本質頌) 2

혼연한 빈 바탕을 이름해서 무아라 하고
무아의 다른 이름이 이 무극이니라
유정 무정이 이로 좇아 생겼으며
궁극에 일체가 돌아가 의지할 곳이니라

渾然空地名無我
無我異名是無極
有情無情從此生
窮極一切歸依處

공성본질송(空性本質頌) 3

이러-히 밝게 사무친 것을 이름해서 견성이라 하고
이 바탕에 밝게 사무쳐야 바르게 깨달은 사람이니
도를 닦는 사람은 반드시 명심해서
각자 관조하여 그릇 깨달음이 없어야 하느니라

如是明徹名見性
是地明徹正悟人
修道之人必銘心
各者觀照無非悟

명정오송(明正悟頌)

밝지도 어둡지도 않은 곳을 향해서
그윽한 본래의 바탕에 합하여야
이것을 진실한 깨달음이라 하는 것이니
그렇지 않다면 바른 깨달음이 아니니라

向不明暗處
冥合本來地
此是眞實悟
不然非正悟

무아송(無我頌)

중생들이 말하는 무아라는 것은
변하고 달라지는 나를 말하는 것이요
깨달은 사람의 무아는
변하지 않는 나를 말하는 것이다

衆生之無我
變異之言我
悟人之無我
不變之言我

태시송(太始頌)

탐착한 묘한 광명에 합한 것이 상을 이루었고
상에 집착하여 사는데서 익힌 것이 모든 업을 이루었다
업을 인해서 만반상이 생겨 나왔으며
만상으로 해서 만반법이 생겨 나왔다

貪着妙光合成相
執相生習成諸業
因業生出萬般象
萬象生出萬般法

21세기에 인류가 해야 할 일

  이 사람은 1962년 26세 때부터 21세기에 인류에게 닥칠 공해문제, 에너지문제를 예견하고 대체에너지(무한원동기, 태양력, 파력, 풍력 등) 개발과 '울 안의 농법'을 연구하고 그 필요성을 많은 이들에게 이야기해 왔습니다.

  당시에는 너무 시대를 앞서가는 이야기여서인지 일반인들이 수용하지 못하고 오히려 불신의 눈으로 바라보며 이 사람의 법마저 의심하였습니다. 하지만 현대에 있어서는 이것이 인류가 해결해야 할 가장 절박한 사안이 되어 있습니다.

  '사막화방지 국제연대'를 설립한 것도 현재 인류가 해결해야 할 가장 절박한 지구환경문제를 이슈화시키고 그 해결책을 제시하여 재앙에 직면한 지구촌을 살리기 위해서입니다.

  '사막화방지 국제연대'에서 추진하고 있는 사막화 방지, 지구 초원

화, 대체에너지 개발은 온 인류가 발 벗고 나서서 해야 할 일입니다.

　첫 번째 사막화 방지에 있어서 기존에 해왔던 '나무심기 사업'은 천문학적인 예산과 많은 인력을 동원하고도 극도로 황폐한 사막화된 환경을 되살리는 데 실패하였습니다.

　그래서 이 사람은 사막화 방지에 있어서는 '사막 해수로 사업'을 새로운 방안으로 제시하였습니다.

　사막 해수로 사업은 사막화된 지역에 수도관을 매설하여 바닷물을 끌어들여서 염분에 강한 식물을 중심으로 자연생태계를 복원하는 사업입니다.

　이것은 나무심기 사업으로 심은 나무들이 절대적으로 물이 부족하여 생존할 수 없었던 문제를 해결할 수 있는, 현재로서는 유일한 해결책입니다.

　그러나 '사막화방지 국제연대'의 목적은 사막이 확장되는 것을 방지하자는 것이지 사막 전체를 완전히 없애자는 것은 아닙니다. 인체에서 심장이 모든 피를 전신의 구석구석까지 골고루 보내어 살아서 활동하게 하듯이 사막은 오히려 지구의 심장 역할을 하는 중요한 곳이기 때문입니다.

　그래서 21세기에 있어서는 다만 사막의 확장을 방지할 뿐 아니라 사막을 어떻게 운용하느냐를 연구해야 합니다.

　사막에 바둑판처럼 사방이 막힌 플륨관 수로를 설치하여 동, 서, 남, 북 어느 방향의 수로를 얼마만큼 채우느냐 비우느냐에 따라, 사막으로부터 사방 어느 방향으로든 거리까지 조절하여, 원하는 지역에 비를 내리게 하고 그치게 할 수 있습니다. 철저히 과학적인 데이터에 의해 이렇게 사막을 운용함으로써 21세기의 지구를 풍요로운 낙원시대로 만들어가야 합니다.

두 번째로 지구를 초원화할 수 있는 방안으로 3년간의 실험을 통해, 광활한 황무지 지역을 큰 비용을 들이거나 많은 인력을 동원하지 않고도 짧은 시간 내에 초지로 바꿀 수 있는 식물을 찾아냈습니다.

그것은 바로 '돌나물'입니다. 돌나물은 따로 종자를 심을 필요가 없이 헬리콥터나 비행기로 살포해도 생존, 번식할 수 있으며, 추위와 더위, 황폐한 땅에서도 살아남을 수 있는 생명력과 번식력이 강한 식물입니다.

지구환경을 되살리는 초지조성 사업에 있어서 이것이 큰 도움이 되리라 생각합니다.

세 번째의 대체에너지 개발에 있어서는 태양력, 파력, 풍력 등 1962년도부터 이 사람이 연구하고 얘기해왔던 방법들이 이미 많이 개발되어 실용화한 단계에 있습니다.

이 세 가지 일은 한 개인이나 한 국가가 할 수 있는 일이 아닙니다. 모든 국가가 앞장서서 전세계적인 사업으로 이루어져야 합니다. 모든 국가가 함께 하는 기금조성이 이루어져야 하고 기금조성에 참여한 국가는 이 시스템에 의한 전면적인 혜택을 입을 수 있도록 해야 합니다.

인류 모두가 지혜를 모아 이 일에 전력을 다한다면 인류는 유사 이래 가장 좋은 시절을 맞이하게 될 것이며, 만약 이 일을 남의 일인 양 외면한다면 극한의 재앙을 면할 수 없을 것입니다.

이 사람이 오래 전부터 얘기해왔던 '울 안의 농법'은 이미 미국 라스베이거스(Las Vegas)에서 30층짜리 '고층 빌딩 농장'으로 구현되었습니다. 그렇게 크게도 운영될 수 있지만 각자 자신의 집에서 이루어지는 '울 안의 농법'도 필요합니다.

21세기에 있어서 또 하나 인류가 만일의 사태를 대비해서 연구, 추진해야 될 일이 있다면 바닷속에서의 수중생활, 수중경작입니다.

지구 온난화가 심화될 경우, 공기가 너무 많이 오염될 경우, 바닷물이 높아져 살 땅이 좁아질 경우 등에 대비할 때, 인류는 우주에서의 삶보다는 바닷속에서의 삶을 준비해야 합니다. 왜냐하면 그것이 훨씬 수월하고 비용도 절감할 수 있기 때문입니다.

이렇게 깨달은 이는 이변적으로는 깨달음을 얻게 하여 영생불멸의 삶을 영위할 수 있도록 만인을 이끌어야 하며 사변적으로는 일반인이 예측할 수 없는 백 년, 천 년 앞을 내다보아 이를 미리 앞서 대비하도록 만인의 삶을 이끌어줘야 한다고 생각합니다.

불법의 뜻은 다만 진리 전수에만 있는 것이 아니니, 만인이 서로 함께 영원한 극락을 누릴 때까지 물심양면으로, 이사일여로 베풀어 교화해야 하기 때문입니다.

가슴으로 부르는 불심의 노래

   여기에 실린 가사는 모두 농선 대원 선사님께서 직접 작사하신 것이다. 수행의 길로 들어서게끔 신심, 발심을 북돋아주는 가사로부터 수행의 길로 접어든 이의 구도의 몸부림이 담겨있는 가사, 대승의 원력을 발해서 교화하는 보살의 자비심과 함께 낙원세계를 누리는 풍류를 그려놓은 가사까지 한마디, 한마디가 생생하여 그 뜻이 뼛속 깊이 새겨지고 그 멋에 흠뻑 취하게 된다. 농선 대원 선사님께서는 거칠고 말초적인 요즘의 노래를 듣고 이러한 정서를 순화시키고자, 또한 수행의 마음을 진작시키고자 하는 뜻에서 이 가사들을 쓰셨다.

 그래야지

1.
마음으로 물질로써
갖가지로 베푸는 것
생활화한 국민되어
이뤄내는 국가되세
그래야지 그래야지
얼씨구나 좀 더 좋다

그런 이웃 그런 나라
이뤄내서 사노라면
모든 나라 따르리니
그리되면 지상낙원
그래야지 그래야지
얼씨구나 좀 더 좋다

별중의 별 될 것이니
선조의 뜻 이룸이라
후손으로 할 일 해낸
자부심이 치솟누나
그래야지 그래야지
얼씨구나 좀 더 좋다

얼씨구야 절씨구야
좀 더 좋고 좀 더 좋다
얼씨구야 절씨구야
좀 더 좋고 좀 더 좋다

아리랑 아리랑 아라리요
아리랑 고개를 넘어간다

2.
그래야지 그래야지
혼자 삶이 아닌 세상
웬만하면 넘어가는
아량으로 살아가세
그래야지 그래야지
얼씨구나 좀 더 좋다

부딪히면 틀어져서
소통의 길 막히나니
그러므로 눈 감아줘
참는 것이 상책일세
그래야지 그래야지
얼씨구나 좀 더 좋다

걸린 생각 비워내서
한결같이 사노라면
복이되어 돌아옴을
실감할 날 있을 걸세
그래야지 그래야지
좀 더 좋고 좀 더 좋다

얼씨구야 절씨구야
좀 더 좋고 좀 더 좋다
얼씨구야 절씨구야
좀 더 좋고 좀 더 좋다

아리랑 아리랑 아라리요
아리랑 고개를 넘어간다

 마음

1.
시작도 없는 마음
끝남도 없는 마음

온통으로 드러나
언제나 같이 있어

어떤 것도 가릴 수
전혀 없는 그 마음

고고하고 당당한
영원한 마음일세

아리랑 아리랑 아라리요
아리랑 고개를 넘어간다
청천 하늘에 잔별도 많고
요내 가슴에는 희망도 많다

2.
모두를 마음으로
시도를 뭐든 해봐

안되는 일 없어서
사는 데 불편없고

하고프면 하면 돼
뜻 펼치는 삶이니

즐겁고도 즐거운
누리는 삶이로세

아리랑 아리랑 아라리요
아리랑 고개를 넘어간다
청천 하늘에 잔별도 많고
요내 가슴에는 희망도 많다

사는게 아리랑 고개

1.
이 마음이 내가 되니
나고 죽음 본래 없고
이리 보고 저리 봐도
허공까지 내 몸일세
신기하고 신기하다
신기하고 신기해

이 마음이 내가 되니
안 되는 일 전혀 없어
잡된 생각 사라지고
두려움도 없어졌네
신기하고 신기하다
신기하고 신기해

이 마음이 내가 되니
끝이 없이 자유롭고
잠 못 이룬 괴로움과
공황장애 흔적 없네
신기하고 신기하다
신기하고 신기해

아리랑 아리랑
아라리요
아리랑 고개를 넘어왔다

2.
이 마음이 내가 되니
맘 먹은 일 순조롭고
살아가는 나날들이
마음광명 누림일세
신기하고 신기하다
신기하고 신기해

이 마음이 내가 되니
마음광명 누림이라
나날들이 평화롭고
자신감이 넘쳐나네
신기하고 신기하다
신기하고 신기해

이 마음이 내가 되니
대인관계 순조로와
일일마다 즐거웁고
웃음꽃이 피어나네
신기하고 신기하다
신기하고 신기해

아리랑 아리랑
아라리요
아리랑 고개를 넘어왔다

불보살의 마음

1.
자비, 그 자비는 눈물이었네
불나방이 불을 쫓듯 가는 이
그래도 못 잊어서 버리지 못해
저리는 저리는 가슴, 그 가슴 안고서
눈물, 피눈물로 저리 부르네

2.
자비, 그 자비는 눈물이었네
제 살 길을 저버리는 이들을
그래도 못 잊어서 버리지 못해
저리는 저리는 가슴, 그 가슴 안고서
눈물, 피눈물로 저리 부르네

나의 노래

1.
노세 노세 봄놀이하세
대천세계 이 봄 경치
한산 습득 친구 삼아
호연지기 즐겨볼까
얼씨구나 절씨구
아니나 즐기고 무엇하리

2.
노세 노세 봄놀이하세
걸음 쫓아 이른 곳곳
문수 보현 벗을 삼아
화엄광장 춤춰볼까
얼씨구나 절씨구
아니나 즐기고 무엇하리

 평화로운 삶

1.
이 몸을 나로 아는
하나의 실수로서
우주가 생긴 이래

얼마나 많은 고통
겪어들 왔었던가
치떨린 일이로세

뭘 해야 그 반복을
금생에 끊어버려
그 고통 벗어날까

생각코 생각하니
그 해결 내게 있네
마음이 나 된걸세

아리랑 아리랑 아라리요
아리랑 고개를 넘어간다
청천 하늘엔 잔별도 많고
이내 가슴엔 희망도 많다

2.
마음이 내가 되면
그 어떤 것이라도
더 이상 필요찮고

마음이 내가 되면
미묘한 갖은 공덕
스스로 갖춰 있고

마음이 내가 되면
그 모든 근심 걱정
씻은 듯 사라지고

마음이 내가 되면
이 생과 저 세상이
당초에 없는 걸세

아리랑 아리랑 아라리요
아리랑 고개를 넘어간다
청천 하늘엔 잔별도 많고
이내 가슴엔 희망도 많다

3.
마음이 내가 되면
어제와 내일 일을
눈 앞 일 알 듯하고

마음이 내가 되면
신분이 관계 없이
서로가 평등하며

마음이 내가 되면
모든 일 뜻을 따라
원만히 이뤄지고

마음이 내가 되면
걸림이 없는 그 삶
저절로 이뤄지네

아리랑 아리랑 아라리요
아리랑 고개를 넘어간다
청천 하늘엔 잔별도 많고
이내 가슴엔 희망도 많다

 그리운 님

환갑 진갑 다 지난 삶 살다보니
석양 노을 바라보다 텅 빈 가슴
외로움에 철이 드나 생각나는
님이시여 이 몸마저 자유롭지
못한 괴롬 닥쳐서야 님의 말씀
들려오는 철없던 삶 후회하며
외쳐 찾는 님이시여 지는 해를
붙들고서 맘이 나된 삶으로써
나고 죽는 모든 고통 없는 삶을
누리라는 그 말씀이 빛이 되어
외쳐지는 님이시여 이제라도
실천 실행 하오리다 이끌어만
주옵소서 님이시여 내 님이여

잘 사는 게 불법일세

1.
잘 사는 게 불법일세
우리 모두 관음보살 지장보살 생활 속에 모시면서
마음 비운 나날들로 바른 삶을 하노라면
불보살님 가피 속에 뜻 이뤄서 꽃을 피운
그런 날이 있을 걸세

2.
잘 사는 게 불법일세
우리 모두 관음보살 지장보살 생활 속에 모시면서
마음 비워 살아가며 시시때때 잊지 않고
참나 찾아 참구하는 그 정성도 함께하면
좋은 소식 있을 걸세

3.
잘 사는 게 불법일세
우리 모두 관음보살 지장보살 생활 속에 모시면서
틈틈으로 회광반조 사색으로 참나 깨쳐
화장세계 장엄하고 얼쉬얼쉬 어울리며
영원토록 웃고 사세

 님은 아시리

1부

1.
사계절의 풍광인들 위로되겠니
서사시의 음률인들 쉬어지겠니
뜻과 같이 되지 않아 기도에 젖은
이 마음 님은 아시리
한 세상 열정 쏟아 닦는 수행길
불보살님 출현하셔 베푼 자비에
모든 망상 모든 번뇌 없었으면 좋으련만
마음대로 안 되는 게 수행이더라, 수행이더라

2.
사계절의 풍광인들 위로되겠니
서사시의 음률인들 쉬어지겠니
뜻과 같이 되지 않아 기도에 젖은
이 마음 님은 아시리
청춘의 모든 욕망 사뤄버리고
회광반조 촌각 아낀 열정 쏟아서
이룬 선정 그 효력이 있었으면 좋으련만
마음대로 안 되는 게 보림이더라, 보림이더라

3.
사계절의 풍광인들 위로되겠니
서사시의 음률인들 쉬어지겠니
뜻과 같이 되지 않아 기도에 젖은
이 마음 님은 아시리
억겁의 모든 습성 꺾어보려고
갖은 노력 갖은 인내 온통 쏟아서
세월 잊은 보림 성취 있었으면 좋으련만
마음대로 안 되는 게 성불이더라, 성불이더라

2 부

1.
사계절의 풍광인들 비유되겠니
가릉빈가 음률인들 비교되겠니
뜻과 같이 자유자재 베풀어놓고
한없이 즐기시련만
그러한 대자유의 삶을 접고서
중생들을 구제하려 삼도에 출현
갖은 역경 어려움을 감내하는 자비로써
깨워주는 그 진리에 눈을 뜨거라, 눈을 뜨거라

2.
사계절의 풍광인들 비유되겠니
가릉빈가 음률인들 비교되겠니
뜻과 같이 자유자재 베풀어놓고
한없이 즐기시련만
억겁을 다하여도 끝이 없을 걸
알면서도 해내겠다 나선 님의 길
가시밭길 험난해도 일관하신 그 자비에
구류중생 깨달아서 정토 이루리, 정토 이루리

3.
사계절의 풍광인들 비유되겠니
가릉빈가 음률인들 비교되겠니
뜻과 같이 자유자재 베풀어놓고
한없이 즐기시련만
낙원의 모든 즐김 떨쳐버리고
삼악도를 낙원으로 이뤄놓겠다
촌각 아낀 그 열정에 모두 모두 감화되어
이 땅 위에 님의 소원 이뤄지리라, 이뤄지리라

 선 승

토함산 소나무 위에
달빛도 조는데
단잠을 잊은 채
장승처럼 앉아있는
깊은 밤 선승의
그윽한 눈빛
고요마저 서지
못한 선정이라
대천도 흔적 없고
허공계도 머물 수 없는
수정 같은 광명이여,
화엄의 세계로세

 우리 모두

우리 모두 만난 인생 즐겁게 살자
부딪치는 세상만사 웃으며 하자
인연으로 어우러진 세상사이니
풀어가는 삶이어야 하지 않겠니

몸종 노릇 하는 사이 맘 챙겨 살자
맑고 맑은 가을 허공 그렇게 비워
명상으로 정신세계 사무쳐보자
언젠가는 깨쳐 웃는 그날이 오리

한산 습득 껄껄 웃는 그러한 웃음
웃어가며 모든 일을 대하는 날로
활짝 펼쳐 어우러진 그러한 삶을
우리 모두 발원하며 즐겁게 살자

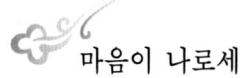 마음이 나로세

본래 마음이 나이건만
몸이 내가 된 삶이 되어
갖은 고통이 따랐다네
이리 쉽고도 쉬운 일을
어찌 등 돌린 삶으로서
고통 속에서 헤매는고

맘이 내가 된 삶으로서
갖은 고통이 없는 삶을
우리 누리고 살아보세
마음 수행을 모두 하여
나고 죽음이 없음으로
태평 세월을 누려보세

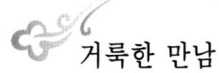 거룩한 만남

불법을 만난 건 행운 중 행운이고 내 생의 정점일세
거룩한 이 법을 만나는 사람이면 서로가 권하고 권을 하여
함께 하는 일상의 수행이 되어서 다 같이 누리는 낙원 이뤄
고통과 생사는 오간 데 없고 웃음과 평온만 넘치고 넘쳐
길이길이 끝이 없는 복락 누리세

여래의 큰 은혜 순간인들 잊으랴 수행해 크게 깨쳐
구제를 다함만 큰 은혜 갚음이니 노력과 실천 다해
우리 모두 씩씩한 낙원의 역군이 되어 봉화적인 이생의 삶으로써
최선을 다하여 부끄럼 없는 대장부로, 은혜 갚는 장부로
길이길이 끝이 없는 복락 누리세

 바른 삶 1

우리 삶을 두고서 허무하다 누가 말했나
본래 마음이 나 아닌가
그 마음 나를 삼아 살면 되지
지금도 늦지 않네 우리 모두
오늘부터 모두들 마음으로 나를 삼아
길이길이 웃고들 사세

 바른 삶 2

1.
어디어디 어디라 해도
마음 찾아 바로만 살면
그곳 바로 극락이라네
세상분들 귀담아듣고
사람 몸을 가졌을 때에
모든 고비 극복해내서
참선으로 참나를 깨쳐
걸림 없는 해탈의 세상
누려보세 누려들 보세

2.
어두운 곳 태양이 뜨듯
중생계에 불타 출현해
바른 삶으로 인도해서
복된 날을 기약케 하니
아니아니 좋고 좋은가
이 몸 주인 통쾌히 깨쳐
억겁 업을 말끔히 씻고
걸림 없는 해탈의 세상
누려보세 누려들 보세

수행과 깨침

1.
그릴 수도 없는 마음, 만질 수도 없는 마음
찾으려는 수행이라 모든 것을 다 버리고
모든 생각 비우기를 몇천 번이었던가
머리 터져 피 흘려도 멈출 수가 없는 공부
이 공부가 아니던가

2.
놓지 못해 우두커니 장승처럼 뭐꼬 하고 앉았는데
앞뒤 없어 몸마저도 공해버린 여기에서 이러-한 채
시간 간 줄 모른 채로 눈을 감고 얼마간을 지나던 중
한 때 홀연 큰 웃음에 화장계일세

걱정 말라

1.
걱정 말라 걱정을 말라 불보살님 말씀대로만 행한다면
안 풀리는 일 없다 하지 않았던가
육근으로 보시를 하며 웃고 살자 웃고들 살자
백년 미만 우리네 인생, 세상 만사 마음먹기 달렸다고
일러주시지 않았던가 걱정을 말라

2.
이리 봐도 저리를 봐도 모두모두 내 살림일세
간섭할 수 없는 내 살림 아니아니 그러한가
이리 펼치고 저리 펼쳐 육문으로 지은 복덕
베푸는 맛이 아니 좋은가 우리 사는 지구인 별 함께 가꿔
낙원으로 만들어서 살아들 보세

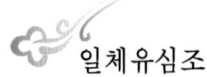 **일체유심조**

듣는 나를 내가 보니 바탕 없는 그 몸에
갖은 묘용 지녀 있어 오고 감은 물론이요
일체 모두 지어내고 그걸 또한 응용하여
자유자재 그 능력 못하는 것 하나 없네
온 누리에 펼쳐놓고 어울려 누려사세
이리 좋은 자기능력 전혀 몰라 헤매이는
세상 사람 갖은 고통 몸종 노릇 결과이니
마음 나된 삶으로써 억겁 굴레 벗어나서
맘이 지닌 능력회복 한시 빨리 이루어서
영원한 본래 삶을 같이 누려 살아 가세
(아리랑후렴)

함께 이뤄 누립시다 함께 이뤄 누립시다
어화둥둥 좋고 좋아 얼씨구나 좋고 좋다
이 마음이 내가 된 삶 이렇게도 상상밖에
달라질 수 있을까 너무나도 달라져서
내자신이 놀라웁고 놀라워서 뭐라못해
조용하고 차분함 속 이 즐거움 말로 못해
온 누리를 선 자리서 볼 수 있는 능력이여
과거일을 알 수 있고 미래일을 예감하는
지혜능력 갖춰있어 실수란 것 없는 삶
꿈 세계도 창조하는 모두 지닌 능력이니
뜻 있으면 가능하니 이 아니 전능한가
(아리랑 후렴)

전능으로 베풀어서 모두 함께 즐겨가며
후세들을 깨우는 낙 함께 하는 삶이니
이 아니들 좀도 좋고 얼씨구나 좋고 좋다
이 능력과 이 힘이면 온 세상을 바꿔 놓는
그 어떠한 일이라도 어려울게 뭐 있으리
뜻 있으면 길이 있고 길 있으면 하면 되는
이리 좋은 그 방법이 맘이 나된 그거로세
이리 좋은 길을 두고 안할 사람 뉘 있으리
이 일만이 길이길이 행복누릴 길이로세
넓고 넓은 누리 정원 펼쳐 놓고 모두 함께
손에 손을 서로잡고 함께 누린 삶으로써
일상이 된 이런 삶이 맘이 나 된 결과로세
이런 일을 아니하고 그 무엇을 할것인가
모두 모두 맘이 나된 그 일 실천 꼭 하여서
태평세월 함께 누린 그런 삶을 누려보세
얼씨구나 좀도 좋고 절씨구나 좋고 좋다
(아리랑 후렴)

 사람다운 삶

1.
사람이 사람다운 사람이 되려면
명상으로 비우고 비워서
고요의 극치에 이르러
자신을 발견한 슬기로써
마음을 다스리는 연마 후에
그 능력으로 모두가 살아가야
평화로운 세상이 활짝 열려
모두 함께 누릴 걸세

2.
서로가 다툼 없이 서로를 아껴서
마음으로 베풀고 베푸는
사회로 이루어 간다면
낙원이 멀리만 있는 것이 아니라
살고 있는 이대로가 낙원이란 걸
모두가 실감하는
우리들의 세상이 활짝 열려
모두 함께 누릴 걸세

 사는 목적

우리 모두 행복을 찾아 영원을 찾아
내면 향해 비춰보는 명상으로
앉으나 서나 일을 하나 최선을 다하세
하루의 해가 서산을 붉게 물들이고
합장 기도하여 또 다짐과 맹서의 말
뜻 이루어 이 세상의 빛이 돼서
구류를 생사 고해에서 구제하는 사람으로
영원히 영원히 살 것입니다

도서출판 문젠(Moonzen Press)의 책들

출간 도서

- 바로보인 전등록 전 5권
- 바로보인 무문관
- 바로보인 벽암록
- 바로보인 천부경·교화경·치화경
- 바로보인 금강경
- 세월을 북채로 세상을 북삼아
- 영원한 현실
- 바로보인 신심명
- 바로보인 환단고기 전 5권
- 바로보인 선문염송 전 30권
- 앞뜰에 국화꽃 곱고 북산에 첫눈 희다
- 바로보인 증도가
- 바로보인 반야심경
- 선을 묻는 그대에게 1·2
- 바로보인 선가귀감
- 바로보인 법융선사 심명
- 주머니 속의 심경
- 바로보인 법성게
- 달다 -전강 대선사 법어집
- 기우목동가
- 초발심자경문
- 방거사어록
- 실증설
- 하택신회대사 현종기
- 불조정맥 - 한·영·중 3개국어판
- 바른 불자가 됩시다
- 누구나 궁금한 33가지
- 108진참회문 - 한·영·중 3개국어판
- 달마의 일할도 허락지 않는다
- 마음대로 앉아 죽고 서서 죽고
- 화두 3개국어판 - 한·영·중
- 바로보인 간당론
- 완전한 우리말 불공예식법
- 바로보인 유마경
- 실증설 5개국어판 - 한·영·불·서·중
- 누구나 궁금한 33가지 3개국어판 - 한·영·중
- 달마의 일할도 허락지 않는다 3개국어판 - 한·영·중
- 법성게 3개국어판 - 한·영·중
- 정법의 원류
- 바로보인 도가귀감
- 바로보인 유가귀감
- 화엄경 81권
- 바로보인 전등록 전 30권

출간예정 도서

- 바로보인 능엄경 제6권
- 바로보인 원각경
- 바로보인 육조단경
- 바로보인 대전화상주 심경
- 바로보인 위앙록
- 해동전등록 전 10권
- 말 밖의 말
- 언어의 향기
- 농선 대원 선사 선송집
- 진리와 과학의 만남
- 바로보인 5대 종교
- 금강경 야부송과 대원선사 토끼뿔
- 선재동자 참알 오십삼선지식
- 경봉선사 혜암선사 법을 들어 설하다
- 십현담 주해
- 불교대전
- 태고보우선사 어록

1. 바로보인 전등록 (전30권을 5권으로)

7불과 역대 조사의 말씀이 1,700공안으로 집대성되어 있는 선종 최고의 고전으로, 깨달음의 정수가 살아 숨쉬도록 새롭게 번역되었다.
464, 464, 472, 448, 432쪽.
각권 18,000원

2. 바로보인 무문관

황룡 무문 혜개 선사가 저술한 공안집으로 전등록, 선문염송, 벽암록 등과 함께 손꼽히는 선문의 명저이다. 본칙 48개와 무문 선사의 평창과 송, 여기에 역저자인 대원선사의 도움말과 시송으로 생명과 같은 선문의 진수를 맛보여 주고 있다.
272쪽. 12,000원

3. 바로보인 벽암록

설두 선사의 설두송고를 원오 극근 선사가 수행자에게 제창한 것이 벽암록이다.
이 책은 본칙과 설두 선사의 송, 대원선사의 도움말과 시송으로 이루어져, 벽암록을 오늘에 맞게 바로 보이고 있다.
456쪽. 15,000원

4. 바로보인 천부경

우리 민족 최고(最古)의 경전 천부경을 깨달음의 책으로 새롭게 바로 보였다. 이 책에는 81권의 화엄경을 81자에 함축한 듯한 천부경과, 교화경, 치화경의 내용이 함께 담겨 있으며, 역저지인 대원선서기 도움말, 토끼뿔, 거북털 등으로 손쉽게 닦아 증득하는 문을 열어 놓고 있다.
432쪽. 15,000원

5. 바로보인 금강경

대원선사의 『바로보인 금강경』은 국내 최초로 독창적인 과목을 내어 부처님과 수보리 존자의 대화 이면의 숨은 뜻을 드러내고, 자문과 시송으로 본문의 핵심을 꿰뚫어 밝혀, 금강경 전체를 손바닥 안의 겨자씨를 보듯 설파하고 있다.
488쪽. 15,000원

6. 세월을 북채로 세상을 북삼아

대원선사의 선시가 담긴 선시화집 『세월을 북채로 세상을 북삼아』는 선과 시와 그림이 정상에서 만나 어우러진 한바탕이다.
선의 세계를 누리는 불가사의한 일상의 노래, 법열의 환희로 취한 어깨춤과 같은 선시가 생생하고 눈부시게 내면의 소리로 흐른다.
180쪽. 15,000원

7. 영원한 현실

애매모호한 구석이 없이 밝고 명쾌하여, 너무도 분명함에 오히려 그 깊이를 헤아리기 어려운, 대원선사의 주옥같은 법문을 모아 놓은 법문집이다.
400쪽. 15,000원

8. 바로보인 신심명

신심명은 양끝을 들어 양끝을 쓸어버리는, 40대치법으로 이루어진, 3조 승찬 대사의 게송이다. 이를 대원선사가 바로 번역하는 것은 물론, 주해, 게송, 법문을 더해 통쾌하게 회통하고 자유자재 농한 것이 이 『바로보인 신심명』이다.
296쪽. 10,000원

9. 바로보인 환단고기 (전5권)

『바로보인 환단고기』 1권은 민족정신의 정수인 환단고기의 진리를 총정리하여 출간하였다. 2권에는 역사총론과 태초에서 배달국까지 역사가 실려 있으며, 3권은 단군조선, 4권은 북부여에서부터 고려까지의 역사가 실려 있다. 5권에는 역사를 증명하는 부록과 함께 환단고기 원문을 실었다. 344 · 368 · 264 · 352 · 344쪽. 각권 12,000원

10. 바로보인 선문염송 (전30권)

선문염송은 세계최대의 공안집이다. 전 공안을 망라하다시피 했기에 불조의 법 쓰는 바를 손바닥 들여다보듯 하지 않고는 제대로 번역할 수 없다. 대원선사는 전 공안을 바로 참구할 수 있게끔 번역하고 각 칙마다 일러보였다. 352 368 344 352 360 360 400 440 376 392 384 428 410 380 368 434 400 404 406 440 424 460 472 456 504 528 488 488 480 512쪽. 각권 15,000원

11. 앞뜰에 국화꽃 곱고 북산에 첫눈 희다

대원선사의 선문답집으로 전강 · 경봉 · 숭산 · 묵산 선사와의 명쾌한 문답을 실었으며, 중앙일보의 〈한국불교의 큰스님 선문답〉 열 분의 기사와 기자의 질문에 대한 대원선사의 별답을 함께 실었다.
200쪽. 5,000원

12. 바로보인 증도가

선종사에 사라지지 않을 발자취로 남은 영가 선사의 증도가를 대원선사가 번역하고 법문과 송을 더하였다. 자비의 방편인 증도가의 말씀을 하나하나 쳐가는 선사의 일감이야말로 영가 선사의 본 의중과 일치하여 부합하는 것이라 아니할 수 없다.
376쪽. 10,000원

13. 바로보인 반야심경

이 시대의 야부(冶父)선사, 대원선사가 최초로 반야심경에 과목을 붙여 반야심경 내면에 흐르는 뜻을 밀밀하게 밝혀놓고 거침없는 송으로 들어보였다.
264쪽. 10,000원

14. 선(禪)을 묻는 그대에게 (전10권 중 2권)

대원선사의 선수행에 대한 문답집.
깨달아 사무친 경지에 대한 밀밀한 점검과, 오후보림에 대한 구체적인 수행법 제시와, 최초의 무명과 우주생성의 원리까지 낱낱이 설한 법문이 담겨 있다.
280쪽, 272쪽. 각권 15,000원

15. 바로보인 선가귀감

선가귀감은 깨닫고 닦아가는 비법이 고스란히 전수되어 있는 선가의 거울이라 할 만하다. 더욱이 바로보인 선가귀감은 매 소절마다 대원선사의 시송이 화살을 과녁에 적중시키듯 역대 조사와 서산대사의 의중을 꿰뚫어 보석처럼 빛나고 있다.
352쪽. 15,000원

16. 바로보인 법융선사 심명

심명 99절의 한 소절, 한 소절이 이름 그대로 마음에 새겨두어야 할 자비광명들이다.
이 심명은 언어와 문자이면서 언어와 문자를 초월한 일상을 영위하게 하는 주옥같은 법문이다.
278쪽. 12,000원

17. 주머니 속의 심경

반야심경은 부처님이 설하신 경 중에서도 절제된 경으로 으뜸가는 경이다. 대원선사의 선송(禪頌)도 그 뜻을 따라 간략하나 선의 풍미를 한껏 담고 있다. 하루에 한 소절씩을 읽고 참구한다면 선 수행의 지름길이 될 것이다.
 84쪽. 5,000원

18. 바로보인 법성게

법성게는 한마디로 화엄경의 핵심부를 온통 훤출히 드러내놓은 게송이다. 짧은 글 속에 일체의 법을 이렇게 통렬하게 담아놓은 법문도 드물 것이다.
이렇게 함축된 법성게 법문을 대원선사가 속속들이 밀밀하게 설해놓았다.
176쪽. 10,000원

19. 달다 - 전강 대선사 법어집

이제는 전설이 된 한국 근대선의 거목인 전강 선사님의 최상승법과 예리한 지혜, 선기로 넘쳤던 삶이 생생하게 담겨 있는 전강 대선사 법어집 〈달다〉!
전강 대선사님의 인가 제자인 대원선사가 전강 대선사님의 법거량과 법문, 일화를 재조명하여 보였다.
368쪽. 15,000원

20. 기우목동가

그 뜻이 심오하여 번역하기 어려웠던 말계 지은 선사의 기우목동가!
대원선사가 바른 뜻이 드러나도록 번역하고, 간결한 결문과 주옥같은 선송으로 다시 보였다
 146쪽. 10,000원

21. 초발심자경문

이 초발심자경문은 한문을 새기는 힘인 문리를 터득하게 하기 위하여 일부러 의역하지 않고 직역하였다. 대원선사의 살아있는 수행지침도 실려 있다.
266쪽. 10,000원

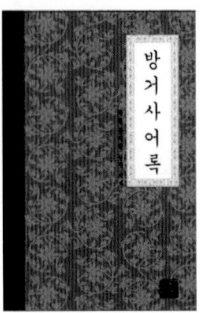

22. 방거사어록

방거사어록은 선의 일상, 선의 누림을 보여주는 대표적인 선문이다. 역저자인 대원선사는 방거사어록의 문답을 '본연의 바탕에서 꽃피우는 일상의 함'이라 말하고 있다. 법의 흔적마저 없는 문답의 경지를 온전하게 드러내 놓은 번역과, 방거사와 호흡을 함께 하는 듯한 '토끼뿔'이 실려 있다.
306쪽. 15,000원

23. 실증설

이 책은 대원선사가 2010년 2월 14일 구정을 맞이하여 불자들에게 불법의 참뜻을 보이기 위해 홀연히 펜을 들어 일시에 써내려간 법문을 모태로 하였다. 실증한 이가 아니고는 설파할 수 없는 성품의 이치를 자문자답과 사제간의 문답을 통해 1, 2, 3부로 나눠 실증하여 보이고 있다.
224쪽. 10,000원

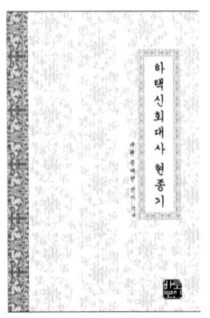

24. 하택신회대사 현종기

육조대사의 법이 중국천하에 우뚝하도록 한 장본인, 하택신회대사의 현종기. 세간에 지해종도(知解宗徒)로 알려져 있는 편견을 불식시키는 뛰어난 깨달음의 경지가 여기에 담겨있다. 대원선사가 하택신회대사의 실경지를 드러내고 바로보임으로써 빛냈다.
232쪽. 10,000원

25. 불조정맥 - 韓·英·中 3개국어판

석가모니불로부터 현 78대에 이르기까지 불조정맥진영(佛祖正脈眞影)과 정맥전법게(正脈傳法偈)를 온전하게 갖춘 최초의 불조정맥서. 대원선사가 다년간 수집, 정리하여 기도와 관조 끝에 완성한 『불조정맥』을 3개 국어로 완역하였다.
216쪽. 20,000원

26. 바른 불자가 됩시다

참된 발심을 하여 바른 신앙, 바른 수행을 하고자 해도, 그 기준을 알지 못해 방황하는 불자님들을 위해 불법의 바른 길잡이 역할을 하도록 대원선사가 집필하여 출간하였다.
162쪽. 10,000원

27. 누구나 궁금한 33가지

21세기의 인류를 위해 모든 이들이 가장 어렵고 궁금해 하는 문제, 삶과 죽음, 종교와 진리에 대한 바른 지표를 제시하고자 대원선사가 집필하여 출간하였다.
180쪽. 10,000원

28. 108진참회문 - 韓·英·中 3개국어판

전생의 모든 악연들이 사라져 장애가 없어지고, 소망하는 삶을 살게 하기 위해 대원선사가 10계를 위주로 구성한 108 항목의 참회문이다. 한 대목마다 1배를 하여 108배를 실천할 것을 권한다.
170쪽. 15,000원

29. 달마의 일할도 허락지 않는다

대원선사의 짧고 명쾌한 법문집.
책을 잡는 순간 달마의 일할도 허락지 않는 선기와 맞닥뜨리게 될 것이다. 때로는 하늘을 찌를 듯한 기세와, 때로는 흔적 없는 공기와도 같은 향기를 일별하기를…
190쪽. 10,000원

30. 마음대로 앉아 죽고 서서 죽고

생사를 자재한 분들의 앉아서 열반하고 서서 열반한 내력은 물론 그분들의 생애와 법까지 일목요연하게 수록해놓았다.
446쪽. 15,000원

31. 화두 3개국어판 - 韓·英·中

『화두』는 대원선사의 평생 선문답의 결정판이다. 생생하게 살아있는 선(禪)을 한·영·중 3개국어로 만날 수 있다. 특히 대원선사의 짧은 일대기가 실려 있어 그 선풍을 음미하는 데에 큰 도움을 주고 있다.
440쪽. 15,000원

32. 바로보인 간당론

법문하는 이가 법리를 모르고 주장자를 치는 것을 눈먼 주장자라 한다. 법좌에 올라 주장자 쓰는 이들을 위해서 대원선사가 간당론에서 선리(禪理)만을 취하여 『바로보인 간당론』을 출간하였다.
218쪽. 20,000원

33. 완전한 우리말 불공예식법

부처님께 공양을 올리고 불보살님의 가피를 구하는 예법 등을 총칭하여 불공예식법이라 한다. 대원선사가 이러한 불공예식의 본뜻을 살려서 완전한 우리말본 불공예식법을 출간하였다.
456쪽. 38,000원

34. 바로보인 유마경

유마경은 불법의 최정점을 찍는 경전이라 할 것이니, 불보살님이 교화하는 경지에서의 깨달음의 실경과 신통자재한 방편행을 보여주는 최상승 경전이다. 대원선사가 〈대원선사 토끼뿔〉로 이 유마경에 걸맞는 최상승법을 이 시대에 다시금 드날렸다.
568쪽. 20,000원

35. 실증설
5개국어판 – 韓 · 英 · 佛 · 西 · 中

대원선사가 불법의 참뜻을 보이기 위해 홀연히 펜을 들어 일시에 써내려간 실증설! 실증한 이가 아니고는 설파할 수 없는 도리로 가득한 이 책이 드디어 영어, 불어, 스페인어, 중국어를 더하여 5개국어로 편찬되었다.
860쪽. 25,000원

36. 누구나 궁금한 33가지
3개국어판 – 韓 · 英 · 中

누구라도 풀어야 할 숙제인 33가지의 의문에 대한 답을 21세기의 현대인에게 맞는 비유와 언어로 되살린 『누구나 궁금한 33가지』가 한글, 영어, 중국어 3개국어로 출산되었다.
408쪽. 15,000원

37. 달마의 일할도 허락지 않는다
3개국어판 - 韓·英·中

대원선사의 짧고 명쾌한 법문집인 『달마의 일할도 허락지 않는다』가 한글, 영어, 중국어 3개국어로 출간되었다. 전세계에서 유일하게 활선의 가풍이 이어지고 있는 한국, 그 가운데에서도 불조의 정맥을 이은 대원선사가 살활자재한 법문을 세계로 전하고 있는 책이다.
308쪽. 15,000원

38. 화엄경 (전81권)

대원선사는 선문염송 30권, 전등록 30권을 모두 역해하여 세계 최초로 1,463칙 전 공안에 착어하였다. 이러한 안목으로 대천세계를 손바닥의 겨자씨 들여다보듯 하신 불보살님들의 지혜와 신통으로 누리는 불가사의한 화엄세계를 열어 보였다.
220쪽. 각권 15,000원

39. 법성게 3개국어판 - 韓·英·中

법성게는 한마디로 화엄경의 핵심부를 훤출히 드러내 놓은 게송으로 짧은 글 속에 일체 법을 고스란히 담아놓았다. 대원선사의 통쾌한 법성게 법문이 한영중 3개국어로 출간되었다.
376쪽. 15,000원

40. 정법의 원류

『정법의 원류』는 불조정맥을 이은 정맥선원의 소개서이다. 정맥선원은 불조정맥 제77조 조계종 전강 대선사의 인가 제자인 대원 전법선사가 주재하는 도량이다. 『정법의 원류』를 통해 정맥선원 대원선사의 정맥을 이은 법과 지도방편을 만날 수 있다.
444쪽. 20,000원

41. 바로보인 도가귀감

도가귀감은, 온통인 마음[一物]을 밝혀 회복함으로써, 생사를 비롯한 모든 아픔과 고를 여의어, 뜻과 같이 누려서 살게 하고자 한 도교의 뜻을, 서산대사가 밝혀놓은 책이다. 대원선사가 부록으로 도덕경의 중대한 대목을 더하고, 그 대목대목마다 결문(決文)하였다.
218쪽. 12,000원

42. 바로보인 유가귀감

유가귀감은 서산대사가 간추려놓은 구절로서, 간결하지만 심오하기 그지없으니, 간략한 구절 속에서 유교사상을 미루어볼 수 있게 하였다. 대원선사가 그 뜻이 잘 드러나게 번역하고 그 대목대목마다 결문(決文)하였다.
236쪽. 15,000원.

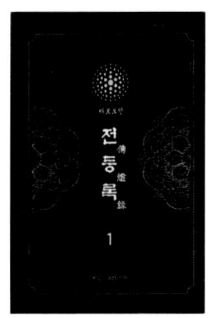

43. 바로보인 전등록 (전30권)

7불로부터 52세대까지 1,701명 선지식의 깨달음의 진수가 담긴 전등록 30권에 농선 대원 선사가 선리(禪理)의 토끼뿔을 더해 닦아 증득하는데 도움이 되도록 하였다.
288쪽. 각권 15,000원

농선 대원 선사 법문 mp3 주문 판매

* 천부경 : 15,000원
* 신심명 : 30,000원
* 현종기 : 65,000원
* 기우목동가 : 75,000원
* 반야심경 : 1회당 5,000원 (총 32회)
* 선가귀감 : 1회당 5,000원 (총 80회)
* 금강경 : 40,000원
* 법성게 : 10,000원
* 법융선사 심명 : 100,000원

농선 대원 선사 작사 CD 주문 판매

* 가슴으로 부르는 불심의 노래 1,2,3집
  각 : 1만 5천원
* 유튜브에서 채널 구독하시고 무료로
  찬불가 앨범을 감상하세요

주문 문의 ☎ 031-534-3373

유튜브에서 채널 구독하시고
무료로 찬불가 앨범을 감상하세요

유튜브에서 MOONZEN을 검색하시거나
아래의 주소로 접속해주세요

http://www.youtube.com/user/officialMOONZEN